U0524147

张岱《湖心亭看雪》（张小明刻）

西湖湖滨 集贤亭

目 录

历史文脉 〇〇二至〇五一

名人履痕 〇五三至一二二

湖山游踪 一二三至一五七

作者简介 一五八至一五九

历史文脉

斑驳印迹里的西湖
——

西湖夕照山 雷峰塔

历史文脉

——斑驳印迹里的西湖

● 大约是二十年前,我写过一种无以言说的惆怅。当时我在西湖边的平海路上班,民国时期这条路曾叫英士街,我每天回家的路线是湖滨—清波门—长桥—苏堤—四眼井—虎跑—六和塔—九溪—梵村—宋城……每天来上班也是这样的路。当时有一位作家说我患了一种童话般的忧伤,说人家享受还来不及,你怎么会讨厌上下班穿行在风景区里呢?

是的,那是一条西湖的南线,跟西湖的北线至灵隐是遥相呼应的。我记得上班初期单趟车坐完这一段路要花上一角八分钱,后来我也住在城里了,又产生了一种新的惆怅,即我对这人文风景又有了一种陌生感,这种感觉有时是恍惚的,就比如说在偶过长桥时,我会想这里真有一座桥叫长桥吗?桥边真有一间茶室叫藕香居吗?或者到了雷峰塔下,我会想那南屏晚钟我真的听过吗?还是在文字上听过千百遍了?

是的,无论是外来游客还是杭州土著,对西湖都有着属于个人的记忆,这种记忆一旦刻在心里,那不是水流过石头,而是在石头刻出了波纹,那就是一种很深很深的记忆了。在今天人们会通过拍照,会用微博微信来表现对西湖的感受,他们一般是在景区里面拍照,也有更多的自拍,那背景多半以断桥和保俶塔为主。事实上以西湖为背景,里湖外湖,湖滨湖心,你怎么照都是美的,而且不用担心人会挡住你。只是在黄金假期里来游西湖,那也是人山人海的,那断桥也好像真的要被人踩断似的,不过断桥可也从来没有被踩断过,因为这属于西湖的柔腰,是杭州爱情的柔腰。如果一旦腰出毛病了,那杭州这个美少女或多情郎就有麻烦了。

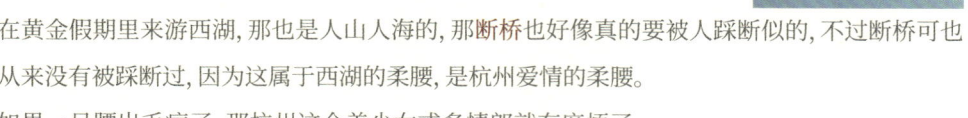

雨·沈烈毅

对杭州土著来说,更喜欢的还是老底子的西湖。这是一份从娘胎里出来的老底子,是一定要从儿时的记忆说起的,钓虾啦捞鱼啦赤卵游泳啦。而且一说就会说到1976年冬西湖上溜冰的事情,那一年真的是冷啊,不过那时的冷是干干净净清清爽爽的,我们也最多靠一只热水袋就过冬了,那时没有电暖更没有空调,而且那时的郊区还时常停电。那时的7路公交车是从白堤上开的,那汽车怎么从积雪结冰的断桥上爬上去呢?那就是汽车轮胎上要套一串铁链,这样才能防滑,这有点像我们小时候看到的坦克车开过时的样子。至于家家户户屋上的冰凌和门口的雪菩萨,那可是我们最寒冷也最温暖的记忆,为了眼睛啊鼻子啊这种"材料",我们有时不得不偷来黑黑的煤球来作装饰。结果大人一回来,某些家里的"第三次世界大战"就爆发了。

我这么说来,意味着西湖更多的是生活的,是有世俗烟火气息的,正如那煤球烧出来的气息。是啊,西湖就是邻家小女子,绝没有那种孤傲的面孔,你今天在北山路看到的场所,好像都是蛮高大上的样子。其实你往葛岭山道里面走去,那里的房子和生活就多是市井味了,而且有你想象不到的市井。这也意味着面对同一个西湖,各人有各人的活法,你在临湖的新新饭店喝咖啡,我在葛岭的山道上剥茶叶蛋吃,没有雅和俗之分。这也恰恰就是西湖的仁慈之处,正如当年在史量才被暗杀之后,沈秋水把她的秋水山庄捐给了育婴机构,这是内心最大的善,也是最彻底的绝望。所以我们说西湖的历史文脉,我们和西湖曾经发生以及还在发生的关系,那不是半日的游程,而是十年乃至数十年的关系。不是你一年跑了一趟环湖赛,而是天天上下班都要路过的,这不是从智能手机的美颜效果开始,而是从120或135的黑白胶卷就开始了。我们在黑暗中的摸索,那多半是在暗房里,多半要用红领巾来罩住灯炮,要的

历史文脉

历史文脉

——斑驳印迹里的西湖

就是这个效果。以此来观西湖,我们就是她的一滴水一棵草,没有你我的一滴一棵,不影响西湖,但是如果我们没有这个西湖,便成了无源之水无根之木,甚至连谈资都没有了。即使你远在天涯,你一下飞机一下高铁,就可以来看西湖,因为西湖没有盖子罩着,也没有栏杆拦着,你想亲近她立马就可以了。而更多的人正是受这种文脉的延续和佑助,才成为今天这样的人。我们看西湖的一草一树,一石一碑,其实都是有灵性的,因为千百年来的历史文脉,才让西湖成为西湖,而不是其他。

比如湖滨的栏杆和路灯,在今天看来是最为寻常的,她似乎很难构成风景的一个部分,但是这样的路灯,在五六十年代的黑白照片中就出现了,或许它出现的时间还要更早。现代西湖,是从民国之后开始它的基本建设的,从1935年的老电影《船家女》来看,湖滨和岳坟间的手划船线路已经开通。西湖的手划船在老杭州那里就简称为"西划船"。那电影的主人公就是一名西湖上的船家女,她和父亲就是在湖滨吆喝一句"岳坟去不去"。而镜头扫过西湖时,就可以看到湖滨一带的景观,那时就已经有抗战纪念碑了,而且一个新的湖滨已经有雏形了,其中就有我们今天见到的路灯和栏杆。

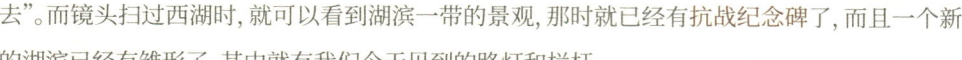

湖滨的路灯除去是光亮的代名词之外,还构成了我们对西湖的部分记忆,这种记忆可能跟玩耍、约会、闲逛有关。我会想起在上世纪九十年代的中期,城市的电影院一度放映通宵电影,那个时候荷尔蒙还十分旺盛,就像半夜里还有鱼儿要挺挺地跃出湖面,那通宵就通宵吧,但事实上看到第三场或第四场电影时,人已经很困乏了,这种困乏是影院门口胖大姐的豆腐干和臭豆腐也不能抵抗的。有时四场电影看完天还没有大亮,头班车也还没有发车,那就去西湖边逛逛吧。这个时候的西湖真安静啊,基本都是退休职工在打太极拳或推手。这时你看到的路灯就是十分温馨的,是一种召唤。但凡路灯亮处,必有蚊虫飞舞,不过那些小虫都是冲着光亮去的,而人们去湖边则有更多的目的。这路灯太亮或太暗都是因人而宜的,如果是打牌下棋或唱戏看书,那亮一点为好;如果是**谈恋爱**,那还是暗一点为好。西湖面前的幽暗是必须的,这是一种美的幽暗,或者说叫幽暗地进入一种美。当然今天的西湖边除了路灯之外,还有一种装置想必人们不会陌生,那就是监控探头。路灯的亮与不亮,一到夜晚我们就知道了,但是监控有没有在启动我们真的是看不出来的。

幽暗如果是一段旋律,那旋律中也会有明亮的飞翔,比如双投桥亲水平台上那**飞舞的蝴蝶**的印迹,这无疑就是在表现梁祝故事吧。这里是离万松书院最近的一片湖面,书院里的两只蝴蝶飞到这里来,他们徜徉在湖光波影之间,翩翩而舞,双飞双宿,让人好不羡慕。其实在红尘滚滚的时代里,爱情多是背负着社会的沉重而飞翔的,很多还没有飞起来就跌入尘泥之中了。但爱情不是要给人们美好和梦想吗?所以即使跌入凡尘,也还充满着梦想。正如今天我们在万松书院看到的**红娘相亲**,这背后的故事何尝不是另外的一出出梁祝呢?此处蝴蝶的图案揭示美丽的爱情如诗歌一样,一定是要从痛苦中蜕变解放出来的。我就很少听说有在西湖边想轻生的,有是有,但总不如海边和江边多,为什么?因为在某种程度上,湖光山色就是慰藉人的忧伤的,虽然最终也慰藉不了,但通过诗书琴画,便有了另一种可能。那才子佳人,是别人的;而这湖光山色,某一刻却是可以属于自己的,这就是西湖于我们的一种意义。因为她的存在,我们活得有点小确幸,然后也才有可能在红尘中飞翔。

历史文脉

历史文脉

——斑驳印迹里的西湖

西湖从古至今也没有辜负人们飞翔的心意,她更多的姿态还是开放式的,这也体现在颇有特征的一些印迹上面,包括生活和劳动的印迹,而时间又让这样的印迹变成了一种审美。比如在我们的手划船码头,那石岸上雕刻的就是鱼的图案,因为原来这里就是鱼码头。我们知道,运河边有卖鱼桥,顾名思义就懂了,而这里的鱼码头,卖的是西湖里的鱼。

这是一个文化和审美的湖,同时又是富庶和物质的湖,相传杭州名菜西湖醋鱼就是取自于西湖里的鱼,只不过那些活鱼也须再在清水中养上几天,这样鱼的泥腥气才会除去一些,同时又不失鱼的鲜活。早些年西湖里鱼的养殖是承包给鲁迅的同乡人的,正如划西湖船的也以绍兴人为主。

绍兴人不仅做黄酒有一套,划船和养鱼也有一套,因为那里有一个鉴湖水网密布。养用来晒鱼干的螺蛳青,是绍兴人的拿手好戏。所以每当西湖里开始捕鱼的时候,市民马大嫂们还是会赶过来买的。这样的鱼市交易已经离人们越来越远了,大约也是为了一种纪念吧,所以码头上的石板上会设计有鱼的图案,这样的图案或许不能跟半坡陶罐上的鱼纹相比,但是这让西湖的亲民性最大程度地体现了出来。对于老百姓来说,西湖就是用来过日子的,钓虾捞鱼不只是玩耍,也要给碗里添一点荤味。我也曾经听家住北山路的朋友说,他谈恋爱的时候,冷饮也还是奢侈品,那怎么办呢,那就把两瓶汽水吊个绳子浸到湖水中,过个十几分钟再提上来喝,那也有一点点冰镇的作用。汽水总是要冒泡的,但人看泡泡的心情是会大有不同的。悲观主义可能会悲叹泡泡的破碎,而乐观主义在泡泡中看到了世界的丰富多彩。

包括把西瓜、香瓜和菜瓜也浸入西湖中,这当然需要更大的耐心,就像跟西湖在谈一场漫长的恋爱,等到捞上来品尝时那种喜悦是可想而知的。这时的西湖既可以容纳,又可以沉淀,这样的沉淀就是雕塑所要表现的,虽然这些雕塑都是小品式的。西湖对于我们来说,也是一种小品式的审美，只是时间久了，它就是天地之间的大作品了。

有的印迹，更多的是实用功能的体现，如平湖秋月的那个旗杆石。这样的石墩其实在江南乡村也是颇为常见的，一些水乡的码头上还有置放撑篙的石板和石墩，但是在西湖边这普普通通的一切似乎又有了别样的韵致。可不能小看这样的旗杆，如果回到民国年代，回到日本著名作家芥川龙之介访楼外楼的时代，这酒楼的酒旗可就是标志了。今天旗杆石不见了，原因不得而知，它不是文物，它的消失构不成新闻，只是说西湖又少了一种印迹，也少了一种记忆。今天的人很可能认为西湖就是天生丽质的，我想这就是一种误读吧。是的，西湖天生是有几分风韵，但正如我们在白居易的诗歌中了解到的，那时西湖的水主要用来灌溉稻田，这意味着西湖周边老底子其实也是农村，除了审美之外，也还是有实实在在的庄稼田。

旗杆石不见了，没有关系，栏杆顶部的石墩头上还留有一个个小孔，那是可以用来插小旗的，更主要的是平湖秋月还在，更多的西湖印迹还在。我感动于那些无名的石栏、石雕、石罩和石墩，如果让它们置放于一堆废石和荒草当中，那自然没有什么特别之处，但是很奇怪，当坚硬的物质一旦以柔软为背景时，那石头还是石头，湖水也还是湖水，但它们似乎构成了一种相看两不厌的情形。不，不是相看两不厌，而是三看都不厌。哪三看呢，石头看湖水，湖水看石头，还有人看石头和湖水，不仅不厌，而且还会产生新的喜悦出来。

西湖边离湖水最近之处，也还有一些普普通通的石头灯座，它立于湖边，不仅带来光，更给人一种

历史文脉

历史文脉

斑驳印迹里的西湖

记忆的温暖。我们平时可能只关注海上的灯塔,那是极有故事的,因为海相对于湖来说,那就是浩瀚和无垠的。但是我们不也听到过西湖里翻船而溺水的故事吗?所以这样的灯座,尽管它低调得不能再低调,但它不也是另一种路灯或叫湖灯吗?是的,湖灯,点在湖上的灯。

也有一些文脉印迹,成为公共地标式景观,其象征意义各有所指,因此这样的印迹就可以代表西湖。

如著名的三潭印月,它可能是西湖最为持久的Logo。如果仅是观其一潭,那虽然也是漂亮的,但还构不成一种审美,只有当三潭同时映入眼帘时,那种微妙的美才会体现出来。这样的美是一种静谧,是一种笃定,是一种稳固的三角关系,而且你无论从西湖的哪个方位、角度去看这三潭,不管它印不印月,这样的三角都宛如天生。更妙的是当有一只夜鸟停栖在石潭之上,那就更多了一种品味和趣味。我在夜航西湖时见过这种情景,那停栖于石潭上的水鸟根本就不理睬船驶出的波浪。这里要注意的是,我们所说的三潭印月不仅是指这三个石

潭,它还指湖上三岛之一。另外两个岛是小瀛洲和阮公墩,它们共同造就了湖中岛、岛中湖的妙处。而阮公墩的来由又跟一位西湖的疏浚者阮元有关,他把疏浚西湖的淤泥在湖中堆成了一个大土墩,这就是今天人们所说的阮公墩。阮元的另一大贡献是文化方面的,1800年他在任浙江巡抚时,曾设立名为"诂经精舍"的书院,阮元认为:"精舍者,汉学生徒所居之名;诂经者,不忘旧业,且勖新知也。"1809年,阮元还在灵隐寺创"灵隐书藏"图书馆,只可惜在太平军攻西湖时毁于战火。

又如白堤上的断桥，苏堤上的六吊桥，这是既可远眺，更宜亲近的。亲近的方式就是随意地走一走，或者骑个共享单车赏赏景，只不过现在又有新的规定，那些地方也不能骑车了。

如果时间退回二十多年，要我走一趟白堤或苏堤，那我似乎是要哭出来的，但现在不让我走我反倒要悲伤了。而且我还得要把头抬起来，抬起来就能看到官帽式的城隍阁，少女般的保俶塔和老衲般的雷峰塔，虽然现在的雷峰塔古意已经不存，但它跟保俶塔的一种守望相峙的关系我们还是懂的。事实上以前中国的每个县城的山上都有类似的塔，每个塔都有自己的传说，其存在的意义也是大同小异。由此来看雷峰塔和保俶塔，让我们观察西湖的视角有了一种高度，或者说我们不再永远是平视西湖，也会时不时地仰视，但这种仰视并不让人觉得累。而人们在目力所及的范围之内，这样的仰视意味着你和西湖的关系实际上是很近很近的。虽然现在的高楼是越来越多越来越高了，但是这些高楼并不能挡住我们心中的这"双子塔"。事实上也因为雷峰塔和保俶塔的存在，更准确地说是它们在西湖边的存在，我们才有了一种柔软的坚硬和坚硬的柔软，也才有了一种不知不觉向上的升腾，是的，不知不觉，如同我们永远处在一种青春期，累了，就睡一觉；醒了，西湖又是新的——这就是西湖赋予我们心灵的一种印迹。

西湖到处都是风景，但为什么西湖边的塔却是屈指可数呢？因为古人早就知道，塔不在于多，而在于精，而且这也跟湖山的气质相吻合。至于其他必须纪念的，那就用碑，用纪念碑，用雕塑，如湖滨的抗战纪念碑，陈英士和秋瑾的塑像，以及那些小品式的名人塑像。

历史文脉

历史文脉
——斑驳印迹里的西湖

因为这些塑像，人们知道了一点点跟西湖有关的人文。否则一个千年之前的白居易，谁还会认识他呢？就因为六公园至古昭庆寺的路上树了一组送别白居易的群雕，人们才会说，原来白居易是做过杭州刺史的，那白堤就是跟他有关的，好了，雕塑的作用就已经体现出来了。

三 能给西湖增添无穷魅力的，还在于一年四季的自然万物，年年岁岁花相似，岁岁年年人不同，于是便有了我们心里的西湖印迹。西湖边的桃花现在二月份就开了，那个时候白堤上人看桃花桃花看人，那也真所谓人面桃花相映红。看西湖，照传统的说法是，晴湖不如雨湖，雨湖不如雪湖，雪湖不如夜湖。这里的奥妙大概除了景物的变化，那烟波浩渺，那水气氤氲，更多的还是一个静字，静既是一种自然状态，也是一种精神状态，前者易得，后者难求。

雨湖还是颇为常见的，在杭州做过通判的东坡先生早就有诗为证了："水光潋艳晴方好，山色空蒙雨亦奇。"只是在今天雪湖已经难得一见了，十年里难得有两三年会下雪，那个雪又很湿润，根本就结不起来。在西湖边，只有当湖面上落满一层薄薄的雪，这雪有点似结非结的样子，这才会有古人张岱笔记里的那种味道。

跟雪湖相比，夜湖就是一种常态了。夜湖要寻觅的也是一个静字，但仅仅是在岸上驻足或漫步还体会不到西湖的那种静态的美，除非有绝代佳人陪在一边，但真有相伴相陪的，你又静不下来了。夜深时分，如果能有一条船在湖上游走，那才是妙不可言的。比如你能看到水鸟停在三潭印月打瞌睡，船离它很近很近，它也不飞走，只是睁着朦胧的睡眼，看着人直发愣。如果天气好，晚上在九点之前，一般游客是能实现夜游之梦的，不过坐着的是大画舫，从体型上说是壮观的，只是少了一叶舟子的那种孤独的美。

孤独的美讲究的也是一个静字，文人和政治家大都是喜欢西湖的这种静的。有人说，住在西湖边适合于整理思想，特别容易想一些大问题，这跟杭州特殊的历史有关，不过这也要看是什么人了。普通人没那么多大事情好想，就想小事情，想要是能生活在这座城市，那该多好。或者在一个人的时候会想到要是另一个人能在身边该有多好。所以有人说杭州是恋爱的天堂，这话多少有点道理，她起码会让想恋爱的人有点想入非非，因为这里已经营造了好的背景，如果关键的话你不说，要紧的事你不做，那就真的对不起西湖了。而正在恋爱中的人在西湖面前又暂时会有所妥协，这么好的景应该暂时忘却纠结和冲突，虽然事实上是忘不掉的，古人所说的触景生情其实还是蛮伤神的。

而对于匆匆过客和一日游的人来说，西湖不过是个景点，可以取个景拍个照，回去一看，有三潭印月有曲院风荷有虫二之类的，甚至还要在一块太湖石面前留个影，因为那上面有四个字，哪四个字呢？杭州西湖。这些人当然不能欣赏到西湖的真趣。照我的看法，在西湖面前，游客要把自己努力当作土著，而土著则要有游客的心态，这样两种身份互换之后，才能不断发现西湖的好。所以我认为西湖是不能游的，西湖要坐着看，湖边随便一张椅子，你坐上看个把小时，都比你匆忙地游走要好得多。至于那些皇帝的碑文，其实大同小异，你看看导游手册就行了。如果你完全跟着小旗子和喇叭挤来挤去，那是在玩，但肯定完了。当然

历史文脉

历史文脉
——斑驳印迹里的西湖

我也理解现代人有现代人的难处,慢不下来坐不下来更静不下来,不过我还是经常看到在白堤苏堤上有人拖着行李箱,行李箱上还坐着小孩,甚至推着婴儿车在看西湖的,一家几口,有的还是三代人同游,这样的感觉是蛮好的。这就是我心里的西湖印迹,印迹不仅仅是由石头来完成的,还是动态变化的,不仅仅是四时的变化,还有人的变化。

(四) 必须有一个章节单独来说说西湖名人的墓葬,这也是文脉的一个部分,之前我们提到的不少名人,去世后都是葬在西湖边的,这里有"西湖三杰"岳飞、于谦、张苍水,也有辛亥英烈秋瑾、徐锡麟,更有近代名人章太炎、苏曼殊等,还有传说中的苏小小、冯小青等。在今天要寻名人故居容易,有关部门要恢复名人故居也较为容易,但是名人墓葬,就不是一句话能讲得清楚的。西湖边曾经那么多的名人墓冢,这到底是好事还是坏事?但无论如何,我们应该承认,这是历史文脉的一个有机组成部分。不少杭州的名人,有的并非杭州本土,像白居易和苏东坡,包括像岳飞、张苍水这样的,有的挥一挥衣袖写下"最忆是杭州"就走了,也有的则永远跟这块土地发生关系了,比如"西湖三杰"。土墩也罢,石墩也罢,或是大理石和花岗岩也罢,总让人有了一个凭吊的地方。中国人还是很讲究追怀先人的,那些英雄豪杰和文人墨客,在中国历史上起到了不可小觑的作用。比如说在抗日战争中,有多少路过杭州的将士都要去岳庙拜谒岳飞将军,这透露的信息是不言而喻的,至于文人到苏小小墓前流几滴眼泪,那也是可以化作不少美文的。

到了二十世纪五六十年代,这一切似乎都结束了。因为要横扫"牛鬼蛇神",因为不能让"死人"跟"活人"争夺西湖,于是不少的名人

墓穴就被扫地出城,有的迁到天马山麓重建坟墓,有的则就地深埋,包括墓碑等一切化为乌有。在九里松的司徒雷登家族的墓园,现在已经不可寻访了。

历史文脉

斑驳印迹里的西湖
——

山是大地的图腾,水是时间的波纹,云是天光的侧影,石是人间的印迹。西湖八千亩湖面,承载的不仅仅是山石云水浮光掠影,还有历史交叠重幕难掩的过往。

西湖外湖

小瀛洲　　三潭印月

西湖北线
宝石山　保俶塔

西湖南线
夕照山　　雷峰塔

西湖南线
吴山　　城隍阁

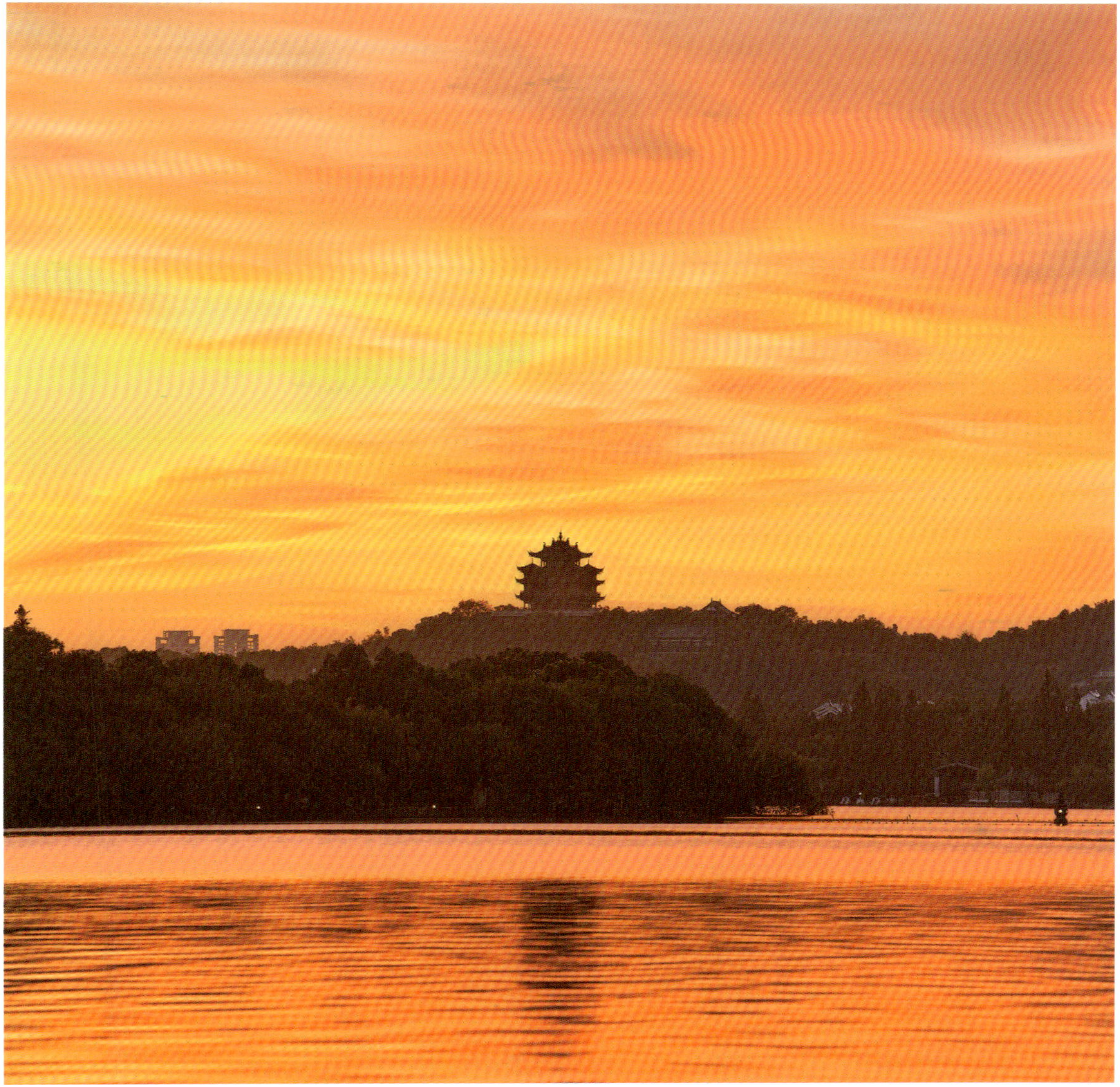

西湖湖滨
一公园　集贤亭

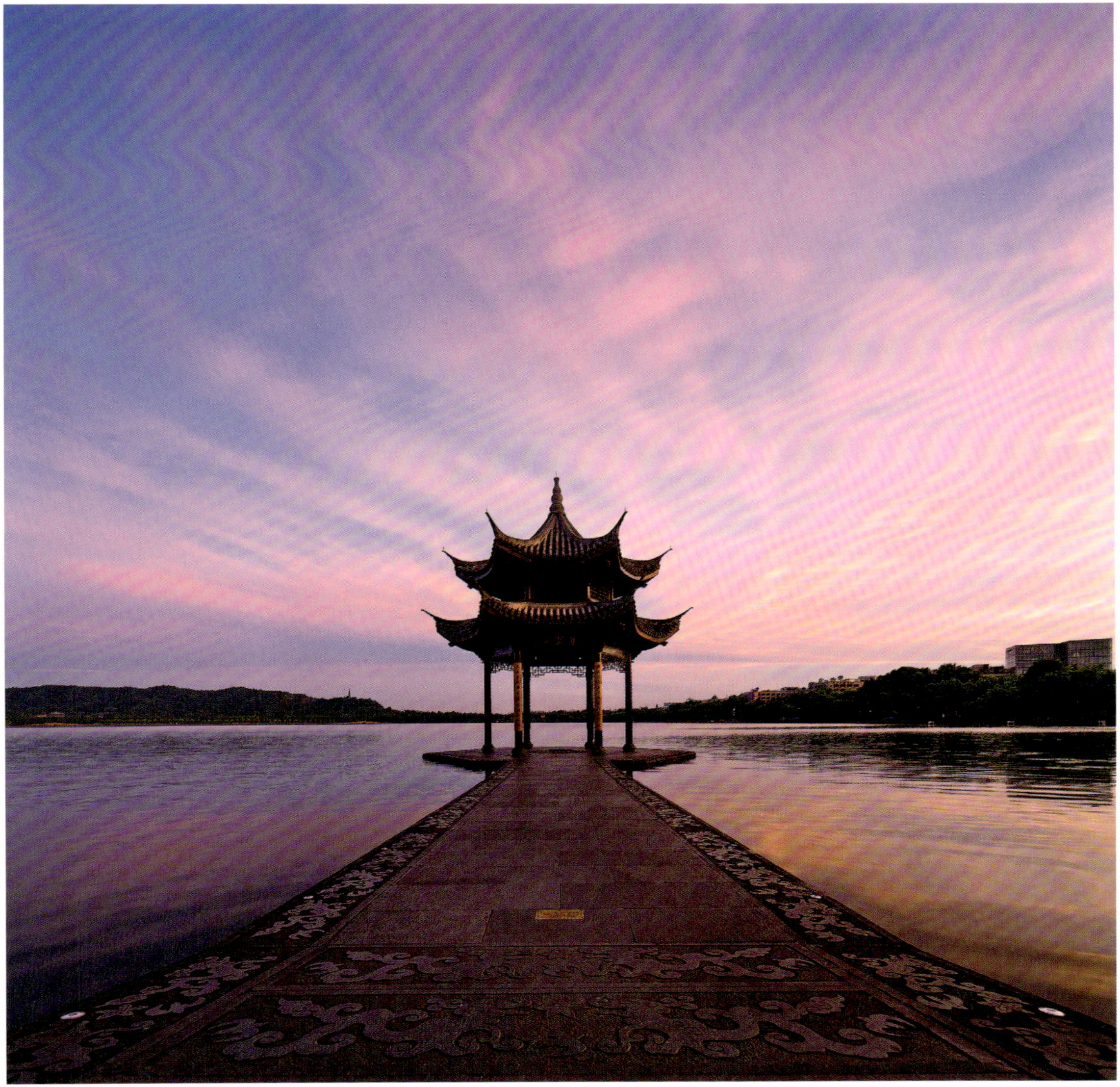

西湖南线
柳浪闻莺　翠光亭石雕

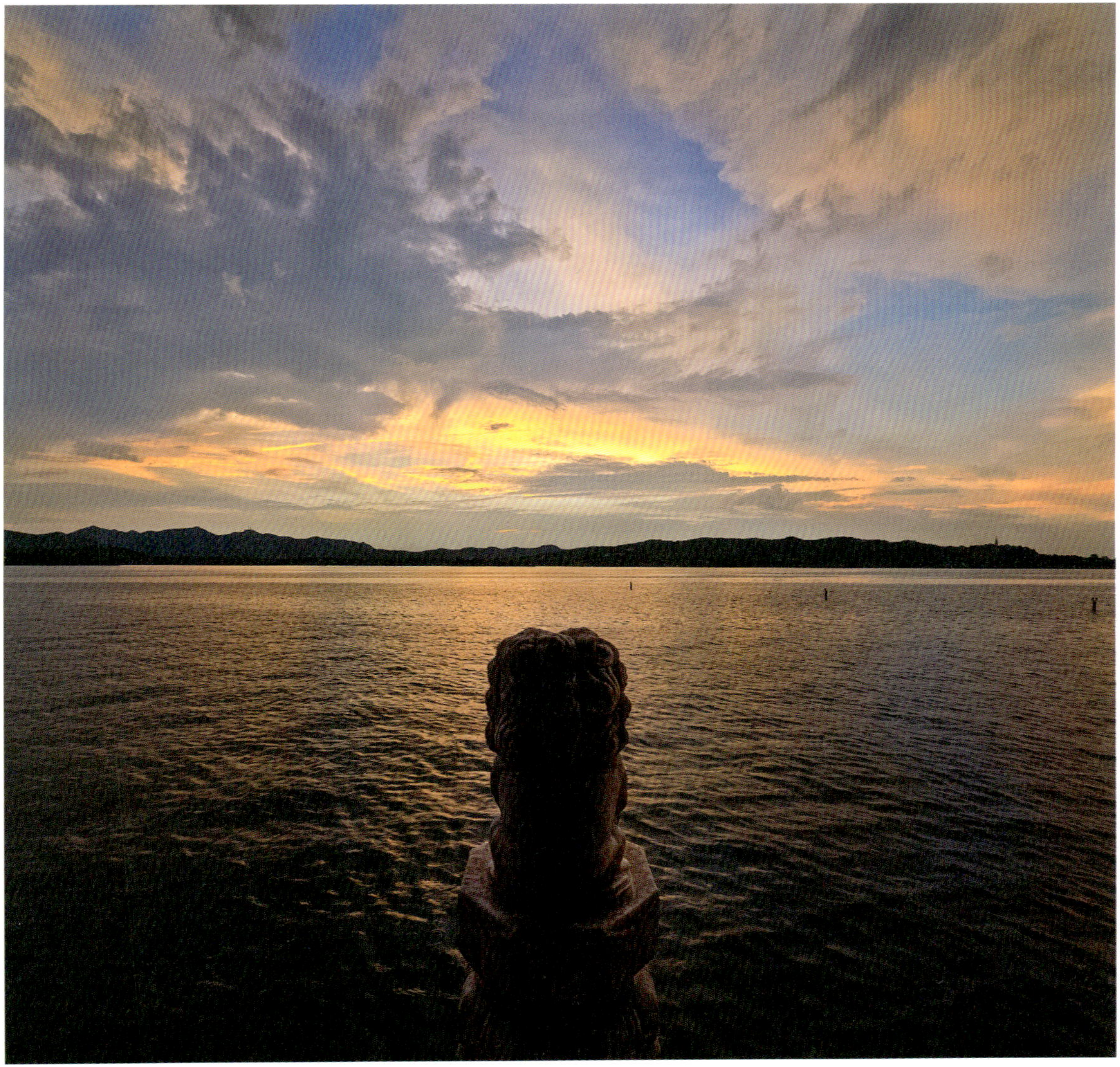

西湖北线

平湖秋月　　亲水平台旗杆石

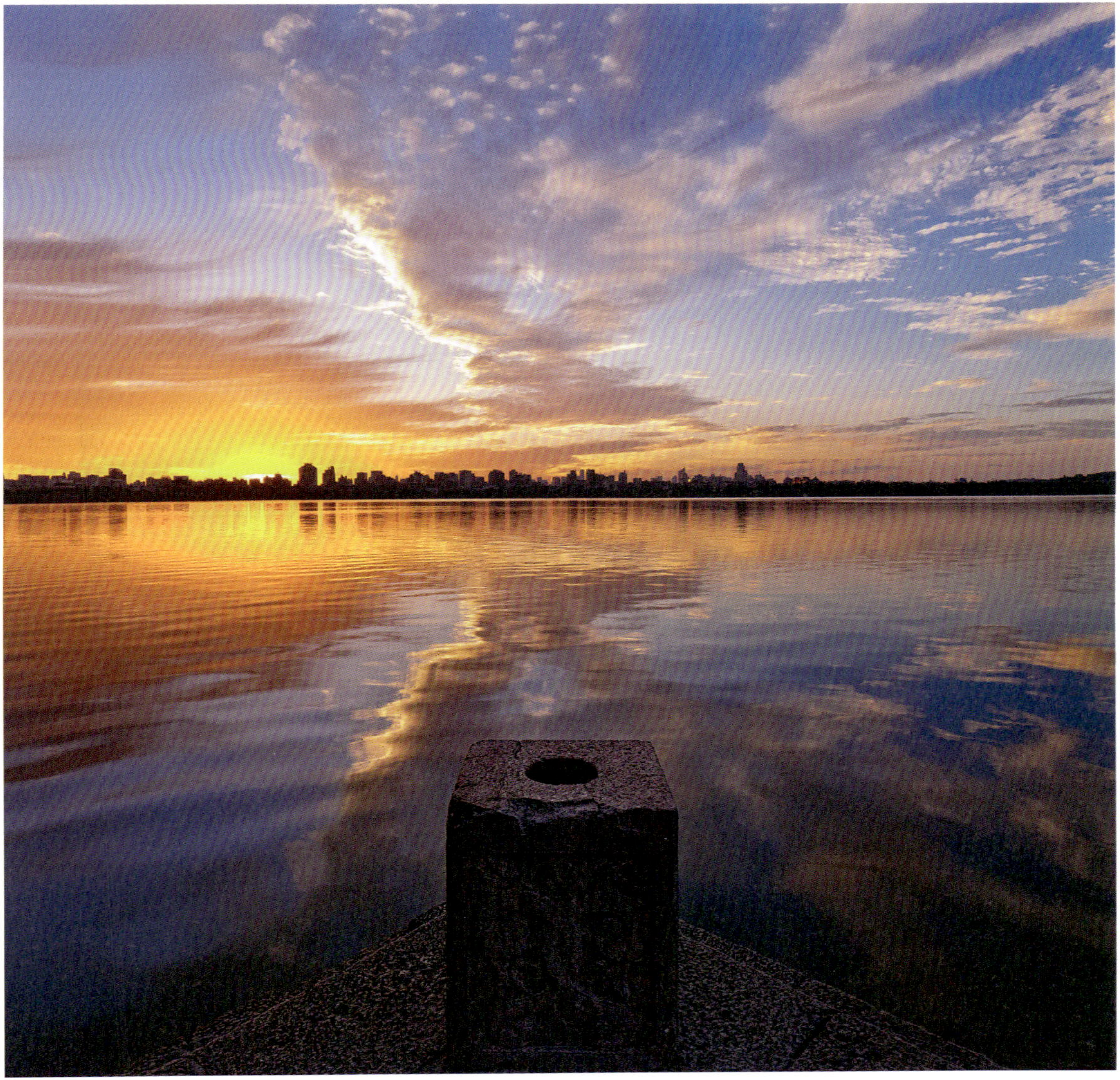

西湖南线
柳浪闻莺　　御码头石灯笼

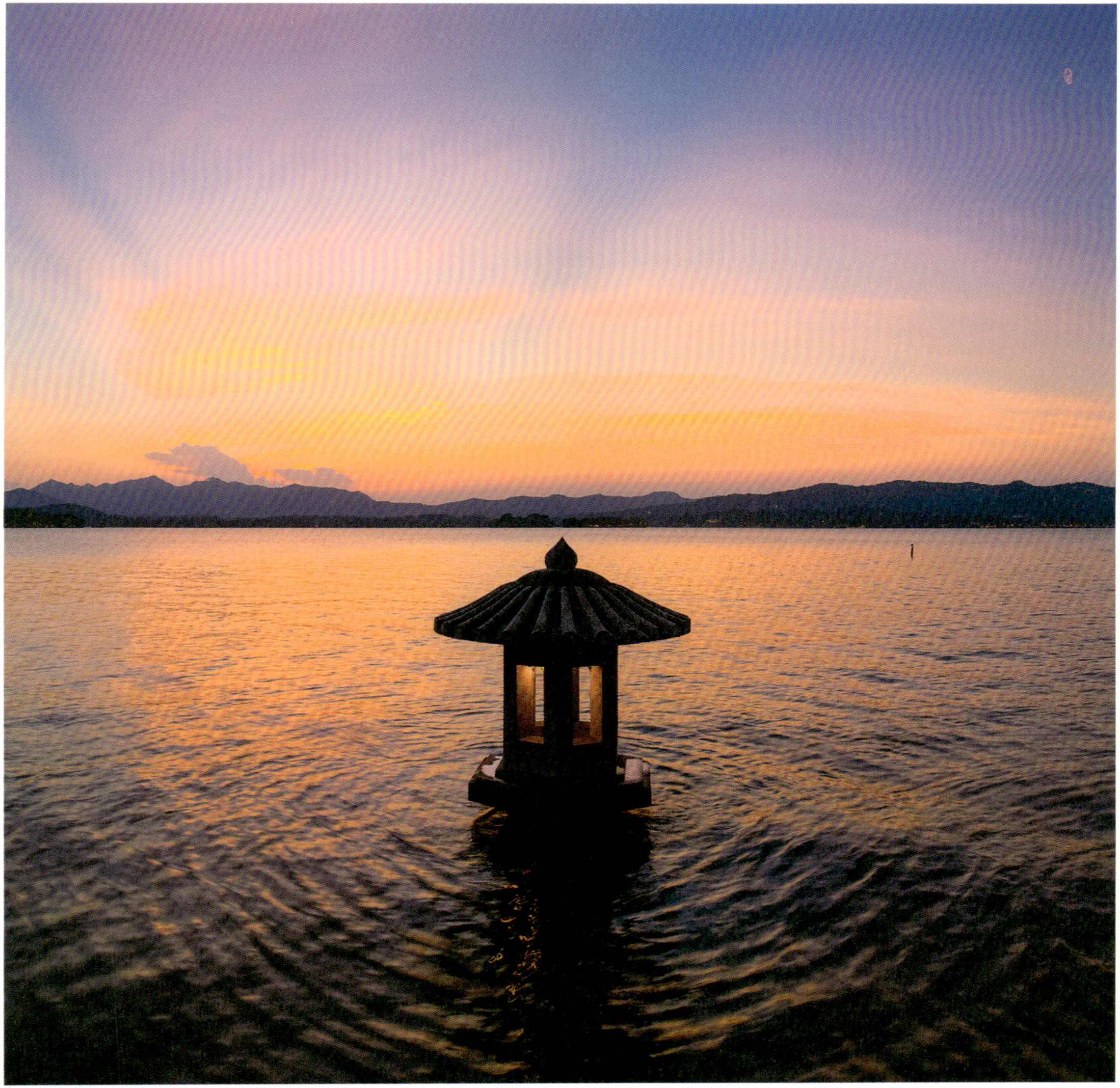

西湖西线
苏堤　　锁澜桥石雕

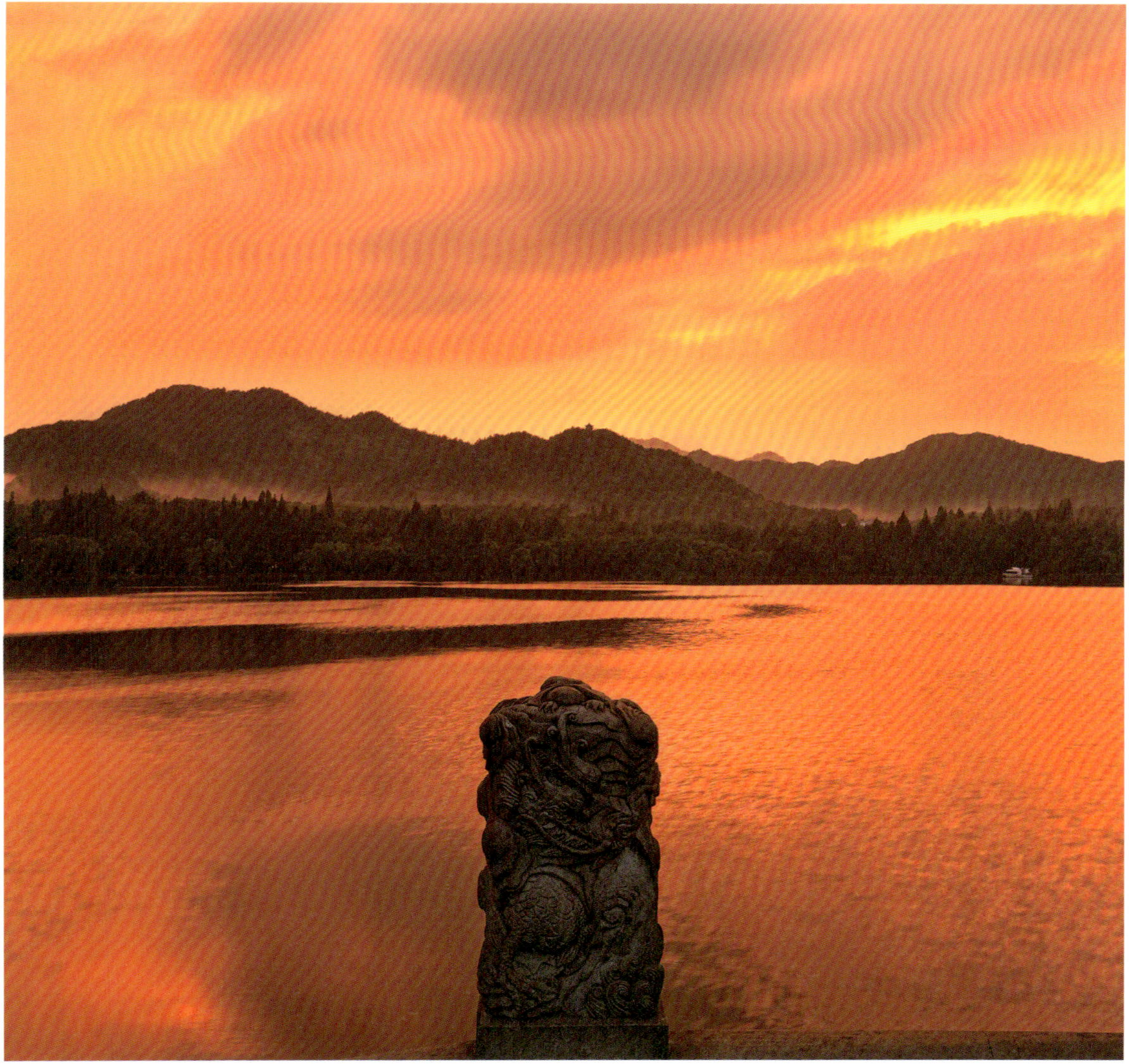

西湖岳湖

曲院风荷　　玉带晴虹桥

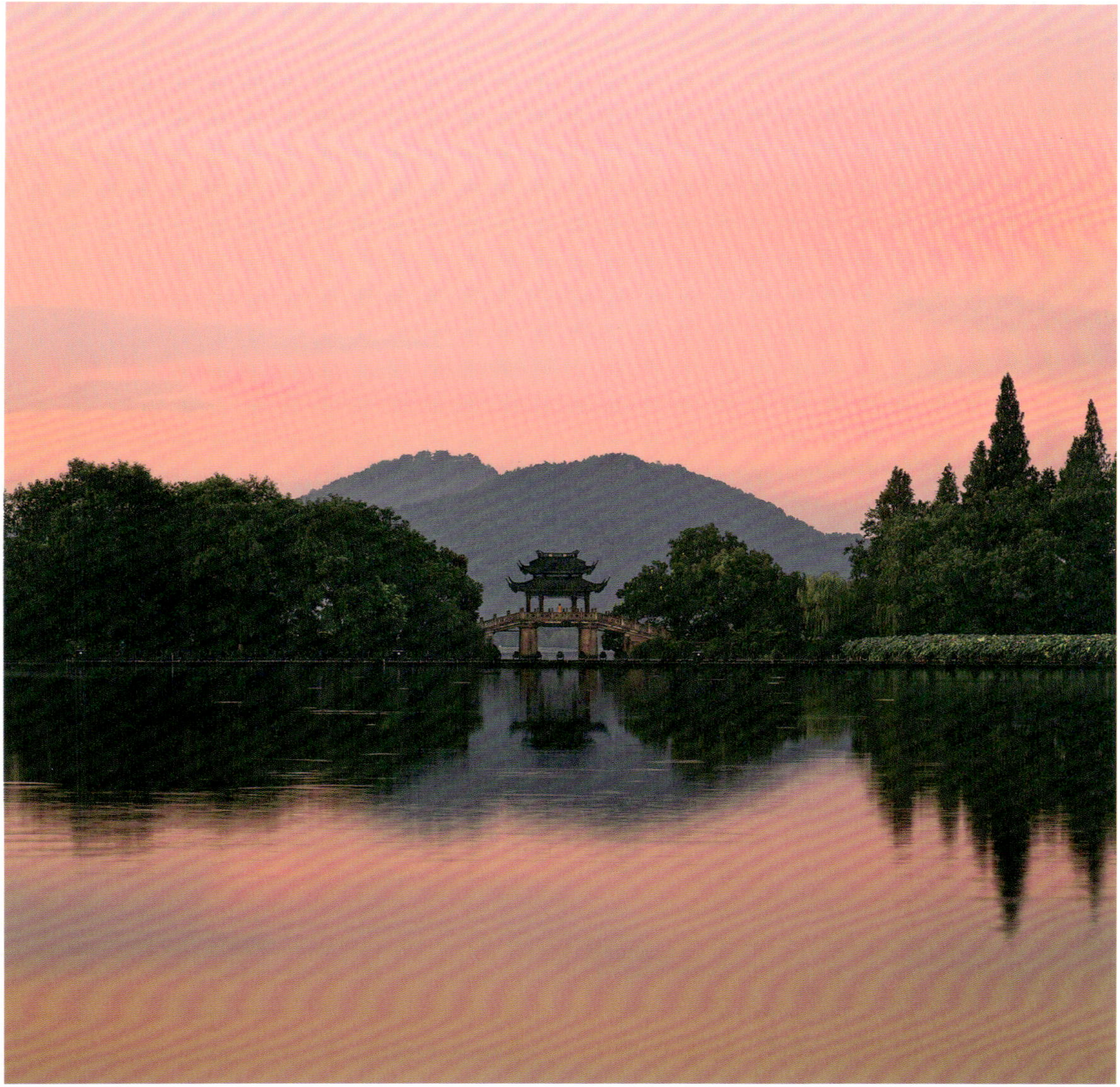

西湖北线
白堤　　锦带桥

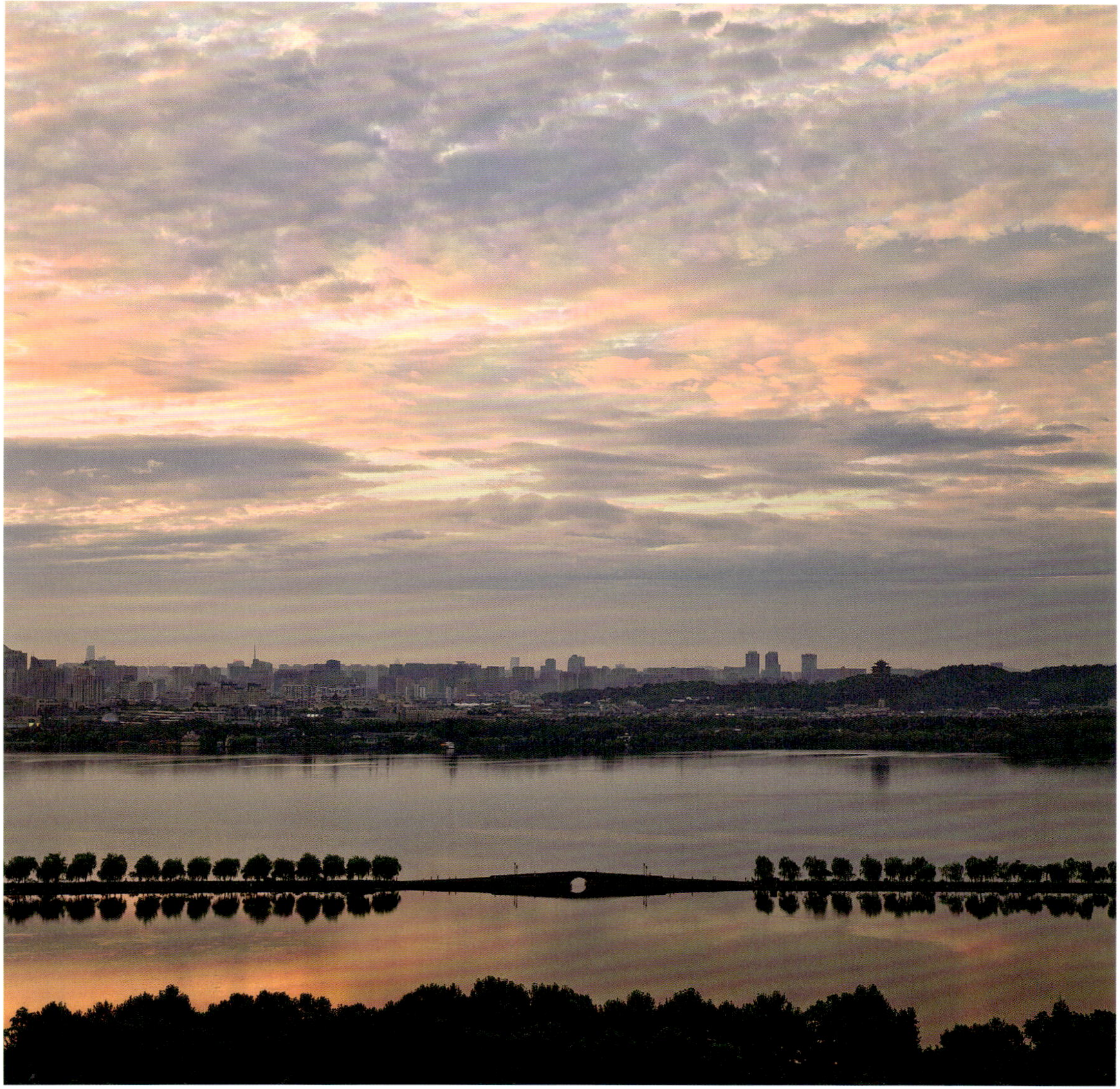

西湖南线
长桥公园　　游步道

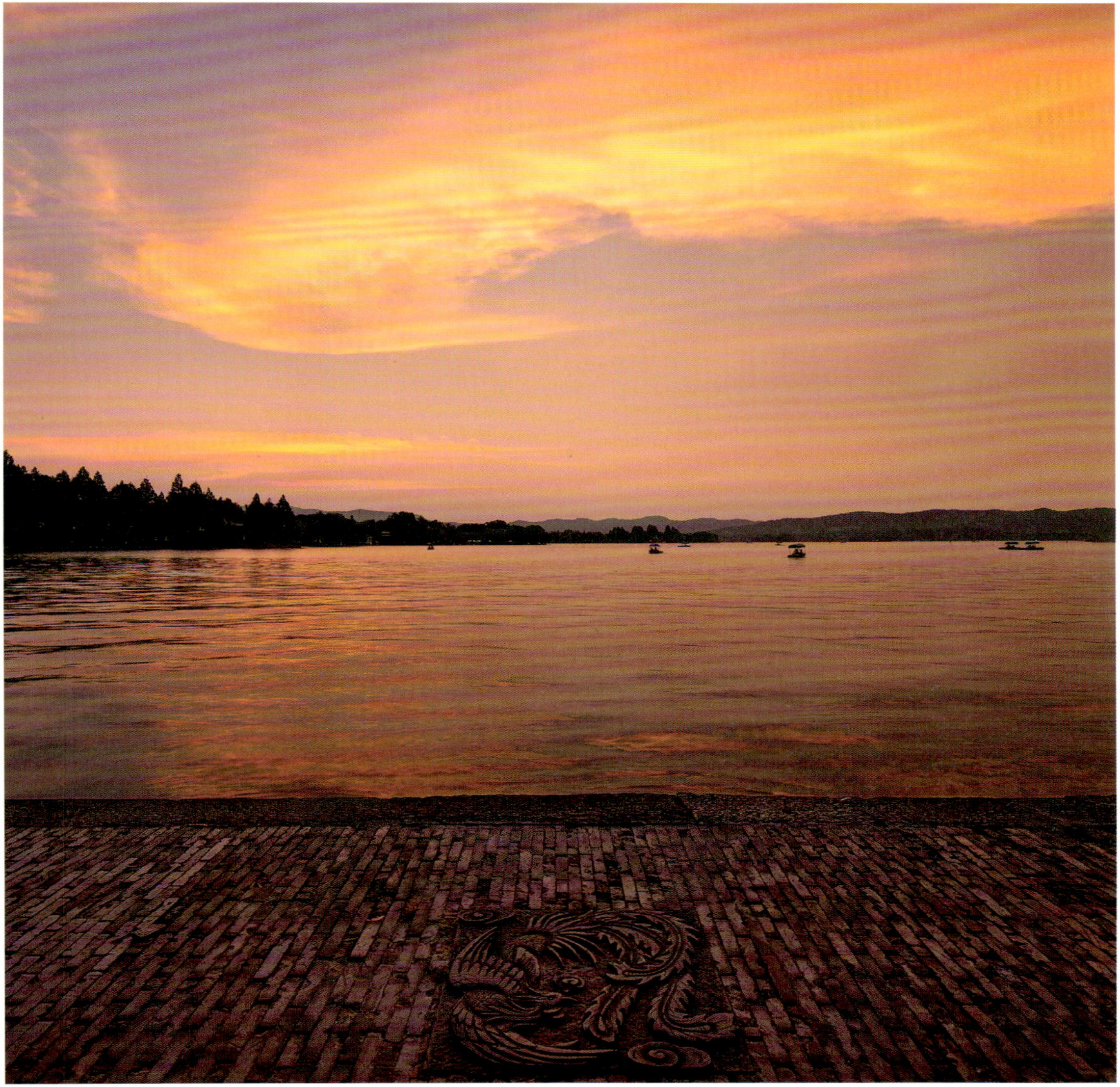

西湖南线
双投桥　　亲水平台

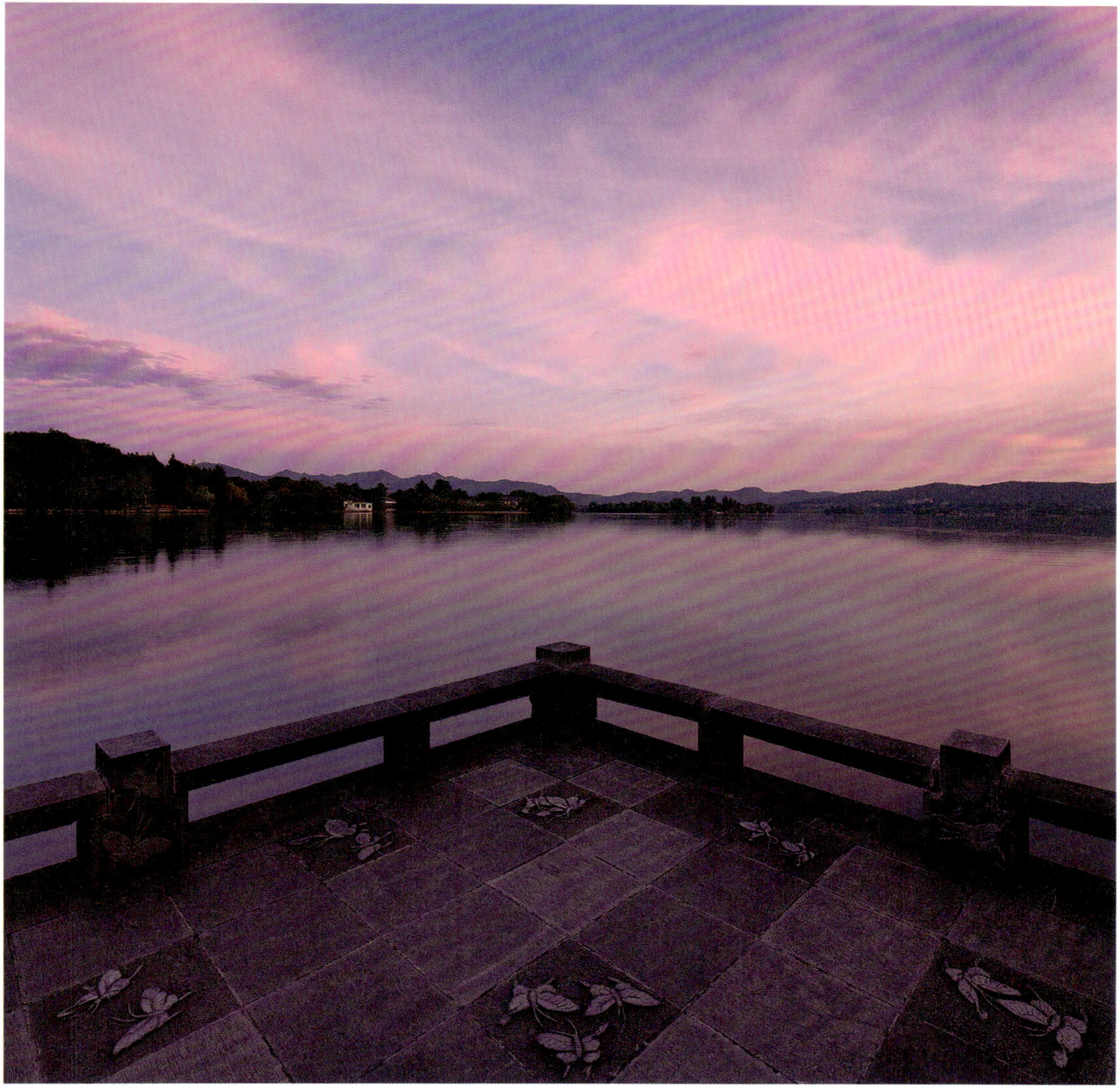

西湖湖滨
一公园　鱼码头

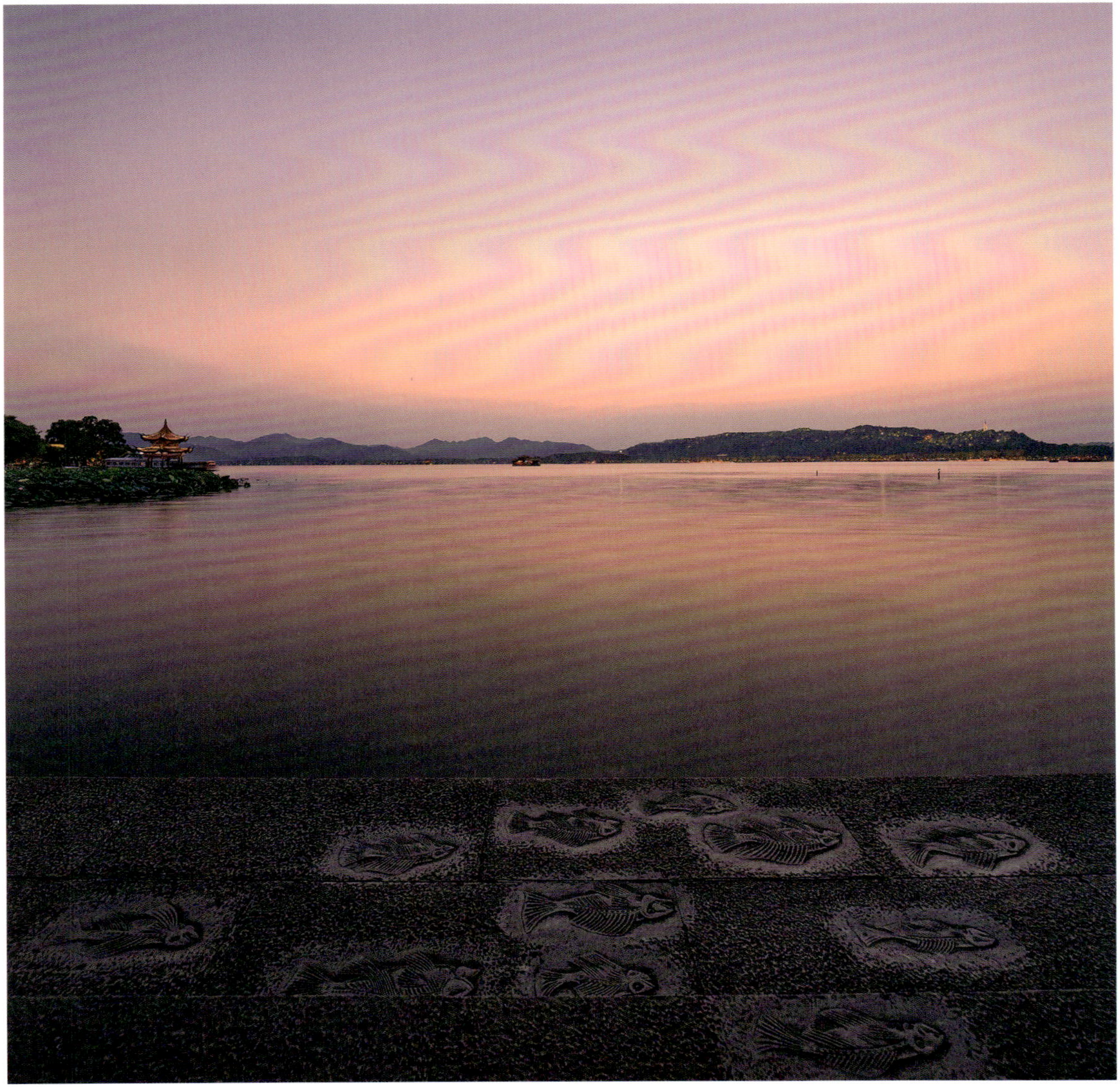

西湖湖滨
六公园　　临湖护栏

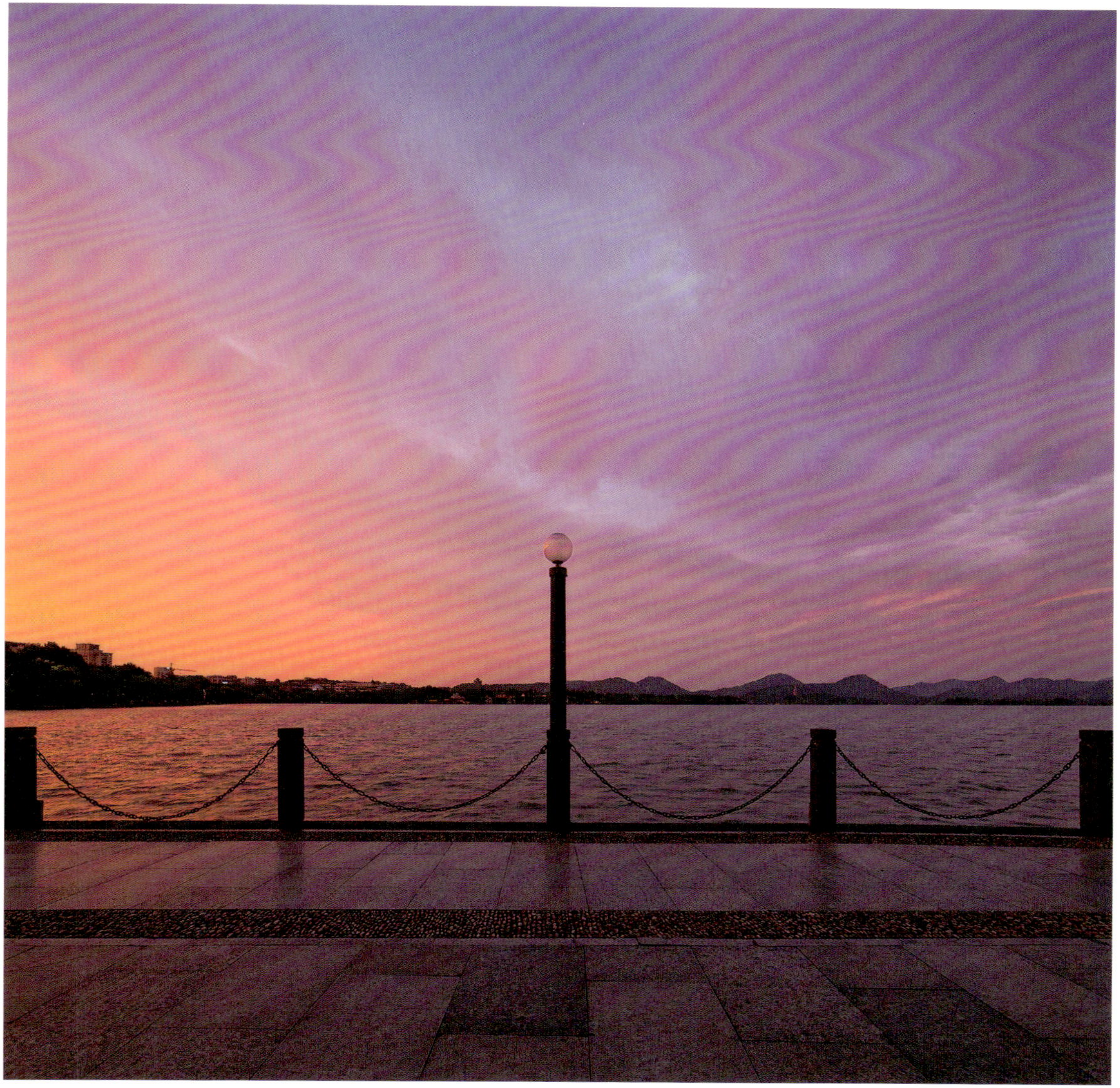

西湖北线
北山街　　临湖长椅

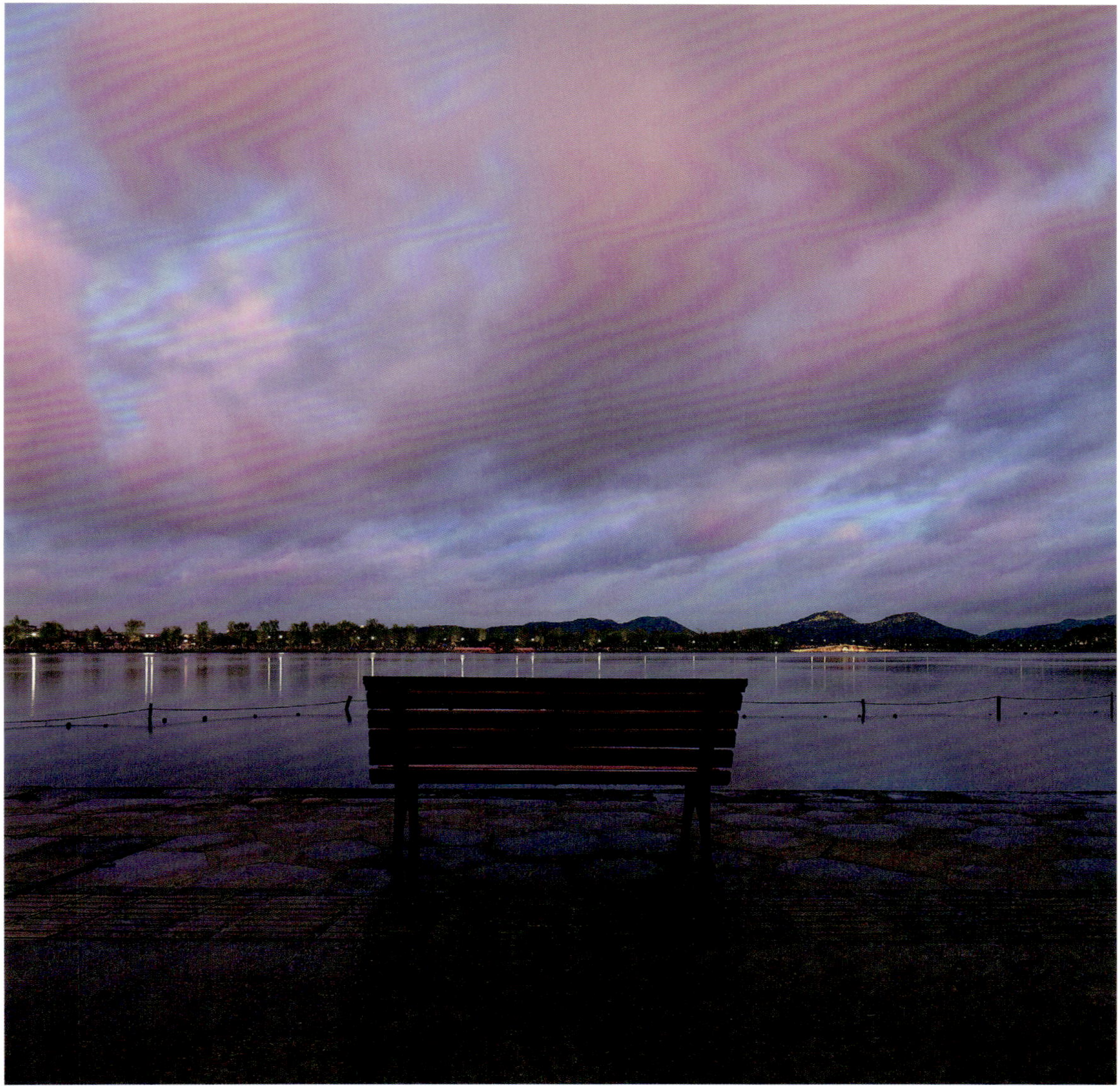

名人履痕

个体生命里的西湖
——

西湖孤山 陈英士像

名人履痕

——个体生命里的西湖

如果没有白居易和苏东坡杭州为官时的故事,如果后来没有那么多或真或幻的传奇,那西湖不过是地球上一个普普通通的湖;如果没有"最忆是杭州"和"若把西湖比西子"这样属于白苏的千古绝唱,西湖在世界上的传播就一定会逊色不少。

是的,湖山还要才人捧,如果说千古西湖是一部交响大合唱,那参与西湖大合唱的不仅仅是文人墨客,还有仁人志士的壮怀激烈。这既有对湖光山色的咏怀,又有对家国情怀的抒发,更有骊歌怀古的悲怆和惆怅。当我们历数杭州西湖的名人事略时,可以发现每个杰出的人都留下了独特的声音,但这同时又是一部多声部的交响。

这样的声音首先是由唐朝白居易发声并定调的。就像以他命名的白堤一样,虽然从民国的老照片来看,那堤也普通得就像乡村的一条塘路,但就是这样的路这样的堤,串起了诸多的景点和传说,也给人们以参与和亲近湖水的机会。从实用功能上讲,海塘说也罢,疏浚说也罢,无论哪一种,人们都更愿意把一项伟大的工程算到白居易头上。因为从他开始,才开启了中国历史上的西湖时代,他也因此成了杭州西湖的第一个形象代言人。

唐代之前的西湖,基本还是荒郊野外,加上杭州这座城市也还没有发育完成,可以说是白居易慧眼识湖,且"最爱湖东行不足,绿杨荫里白沙堤",白居易把他在杭州的一部分精力用在游览和歌咏上面了。他踏青访僧,问茶寻芳,他不需要秘书班子起草文稿,自己口占了多篇千古佳作。也因为白居易生前诗名已盛,且擅长驾驭各种诗体,这让同辈人和他的诗文粉丝们也都想来西湖亲历一番，并且也要留下诗作，以不负这片湖光山色。自唐以降，一个诗人如果没有留下一首抒写西湖的诗歌，那对于诗人和对于西湖，终究是一种遗憾，所以我们会反复咏诵这样的诗篇——湖上春来似画图，乱峰围绕水平铺。松排山面千重翠，月点波心一颗珠。碧毯线头抽早稻，青罗裙带展新蒲。未能抛得杭州去，一半勾留是此湖。

白先生的"未能抛得杭州去，一半勾留是此湖"，恰到好处地诠释了杭州和西湖的关系，而他的"最忆是杭州"又点到了一湖一城和一生一世的关系。诗句虽有夸张，感情却是十分真挚的，而且白居易也为后来的文官树立了榜样。特别是对于杭州这样的地方官来说，第一你要把西湖管好，第二你还要歌咏好西湖，这两条铁律其实也就是诗律。千年以来，杭州人津津乐道的文人，除了白居易之外，还有一个就是苏东坡了，以至于人们完全忘记了他们为什么到杭州来，以及为什么要离开杭州，他们的年终考评如何，审计是否过关，老百姓是不管这些的。

苏东坡的登场是在白居易之后，这是一种传承也是一种考验，因为苏东坡如果没有独特性，那必然是会屈居于白的盛名之下。然而正如那两条堤，白堤之外又有苏堤，而且从史料看，苏堤跟这位姓苏的杭州地方官是真的有关系了，而更为重要的是，他找到了一绝佳的比喻——水光潋滟晴方好，山色空蒙雨亦奇。欲把西湖比西子，淡妆浓抹总相宜。

若把西湖比西子，这等于把美的个性和共性之通道给打通了。西湖之美，美到什么程度呢，我们难以言述；同样的，西施之美，又美到什么程度呢，我们也同样

名人履痕

— 个体生命里的西湖 —

是难以言述。苏东坡的高明就在于一语道破"美"机,他把两个美合体为一个美,且给了这种美以想象的空间。从此一年四季无论什么天气,西湖都是美的。直到千年之后,我们发现西湖也还是像苏东坡笔下的西湖,这是诗人的高明,更是西湖的高明,也是西湖边子民的高明。所以我们一直遵循着苏东坡对美的那种眼光,正如我们到今天还喜欢的东坡肉。而且我们要注意,这首千古绝唱只用了28个字,题目叫《饮湖上初晴后雨》,首先是"饮湖上",这是关键词,这样的饮可能只是小饮,最多只是微醺。

如果按照今天的说法,一条河要有一个河长,一个湖要有一个湖长,那么白居易和苏东坡毫无疑问就是唐朝和宋朝时的西湖湖长,这不仅是指他们疏浚西湖有功,更是在传播西湖的美名上,都发挥了他们的最大效应。所以西湖边会有白苏祠,会有苏东坡纪念馆,还有市民送别白居易的群雕,这是一种怀念的方式。而且更有意思的是,这两位大师,他们相互之间不可能认识,但苏东坡是知道他的这位前任的。因此和白前辈相比,苏先生更多了一份责任,他也似乎更为亲民和文人一点,起码在林语堂写的传记中是这样的,这可能是宋朝和唐朝的不同之处吧。一位唐朝诗人,一位宋朝诗人,他们不约而同地喜欢并歌咏西湖,这说明了什么问题?古往今来,到杭州来做官的人应该有成百上千,为什么独独这两位被人纪念呢?因为他们的诗句让人有美感,有幸福感,有获得感。世世代代的人从他们的诗文中获得了美感,这是比其他的获得更要高层次的一种获得感。

白居易开创了审美的西湖时代,苏东坡让西湖之美深入寻常百姓。

二　但是千百年来，白居易只有一个，苏东坡也只有一个，不是所有的官员都能亦官亦文的，也不是所有的文人官员都能在地方留下英名的，两手抓两手要硬这是不容易的，所以这里就得有所取舍。有舍官取文的，也有舍文趋官的，虽然总体上说文官制度是两千年中国社会的一个基本框架，但其中仍有不少人是游离于官本位之外的，这其中最有代表性的人物就是林和靖。

这位隐居于西湖孤山的诗人，应该是凭"疏影横斜水清浅，暗香浮动月黄昏"的诗句成为了咏梅的第一诗人吧。

关键的是，人们仍然津津乐道的是他的处世方式。在前人的记述中，他是一位真正的隐士，而且是个著名的独身主义者，所谓梅妻鹤子，便是最好的诠释。

孤山之梅花因他而起，放鹤亭也因他而起。传闻他曾20年不入市，平时只好放舟西湖，每当有友人来访他时，门童便放出鹤去，鹤声高亢，他便知有朋友来访了，于是便摇橹回家。

就是在这样的传说中，我们不仅读出了他的生活方式，还注意到三点细节，第一他养有门童，第二仍然有朋友来访他，第三他占领了这么一块好地方而能独享。孤山虽然叫山，但可能是全中国海拔最低的山，但这丝毫不影响其艺术的格调和气场。在林和靖的时代，他把名声做得如此之好，以至我们想象不出他的生活细节，诸如衣食住行，诸如如何款待朋友。据我所知，那一块地方似乎天然的阴冷，相对日照时间较短。这样阴冷的地方，梅花自然是十分喜欢的。

名人履痕

——个体生命里的西湖

其实林诗人也不是一天到晚都这么清寒,至少在他的《长相思》诗中,还是很关注民风民情的:"吴山青,越山青,两岸青山相送迎,谁知离别情?君泪盈,妾泪盈,罗带同心结未成,江头潮已平。"

关键是他的不仕,这是文人的最后一块底牌,或者也叫试金石。最后皇帝老爷也给了他一个封号,这么一来,他基本属于行为艺术家了。如果说陶渊明属于田园派的,那么他就是属于隐逸派的,陶的内心还是热的,虽然他叫陶潜,而林则在骨子里都透出寒气。所以孤山之孤,**孤山**之不合作精神,其实全在林和靖身上体现出来了。

然而这毕竟是文人之一意孤行,与传统的儒家精神不符。作为一个读书人,即使处江湖之远也得思庙堂之高的,林诗人偏偏将之做绝了,这让后人无话可说了。因为做绝了,他只是一个纸上的榜样,在现实中并不可仿。可仿的是他养鹤,我们可以养鸡;他种植物,我们可种玉米或青菜。他不市,我们可以在网上购物——这些在方式上是一致的。

而且那个时代文人的另一种特权,便是墓地的占有权。西湖孤山一带,名人之墓颇为可观,包括有趣的**苏曼殊**。清末民初时候的文人可以很猖介很浪漫,他们要求死后也要跟美丽相守在一起。另外要注意的是,宋朝时的孤山一带,还在城外,那还是荒疏之地,因此适合隐居,也才有二十年不市的说法,不像今天,你在孤山占一块地,那最多也只能叫大隐隐于市了。

无论怎么说,林和靖都是个榜样,特别对于文艺小青年来说,这算是开了个头,他的邻居便是大名鼎鼎的冯小青。在学者潘光旦的眼中,小青是个被解剖的标本,是自恋和抑郁症的综合体:"春衫血泪点轻纱,吹入林逋处士家。岭上梅花三百树,一时应变杜鹃花。"

这样的诗由冯小青这样一小女子写出来,还是应该击叹的。不过你再看下去,发现味道就有点不一样了:"新妆竟与画图争,知是昭阳第几名?瘦影自临春水照,卿须怜我我怜卿。"

诗真的是好诗,这也符合奇女子必须留下好诗的定论。传说中她是被冯家大老婆囚禁在孤山的。她只能郁郁寡欢,在这样的日子里,她的精神动力就是林处士的梅花,如果不是这样,她是不是会突围而去呢?她是不是有点喜欢这样的状态呢?而且她是不是把她的梦中情人柳梦梅当作了林处士呢?她一直在梦着她的牡丹亭:"冷雨幽窗不可听,挑灯闲看牡丹亭。人间亦有痴于我,岂独伤心是小青。"

她竟然找到了知音,用今天流行的话来说,她找到了她的朋友圈!

冯小青的同道中无疑有一个叫苏曼殊的人。

他是文人中的和尚,和尚中的文人,这一点跟我后面要提及的弘一是相似的。苏曼殊之墓曾在杭州西湖边的孤山脚下,与秋瑾和苏小小两位为邻,也算是他修来的福气了。但是在那个史无前例轰轰烈烈的年代里,先是苏小小墓被毁,后来秋瑾女侠也不能自保了,这苏曼殊墓自然也

名人履痕

— 个体生命里的西湖 —

就被拆迁到十里之外的山里去了。至于这一段西湖迁墓的往事，已有不少经历者留下了文字。现在秋瑾之墓早已恢复，苏小小之墓也于2004年在西泠桥边成了一景点，只是这位曼殊先生，目前还只是在孤山西泠印社旁的导游牌上留有这么一行字——"苏曼殊墓地遗址"。

不过这一行字也很重要，文人墨客不就是想留下一行或数行文字吗？

从今天看来，苏曼殊也具备了所有流行的要素——身世之谜、情爱恩怨、异国飘零、红颜知己、美食主义者，等等。所以在当年，苏曼殊就有诗僧、情僧之称。大众就是爱看一个花心和尚的故事。不要看他写的大多是古体诗，要知道这在当时是非常风靡的。也就是说，一百年前的苏曼殊，具备了今天所有的流行元素。

杭州曾经是苏曼殊生命中很重要的一个驿站，当年为革命为情事，他都在杭州逗留过，且一生来过十数次。沪杭之间的道路，一定是他最为熟悉的。杭州的白云禅院，一百年前苏曼殊就曾经在这里避难会友，这可以他的《住西湖白云禅院》为证：白云深处拥雷峰，几树寒梅带血红。斋罢垂垂浑入定，庵前潭影落疏钟。

苏曼殊是在上海去世的，但是他的朋友们都要把他葬到杭州来。民国时期的好多名人，最后的归息地都是在杭州，所以我要说，杭州西湖不仅是思想家著书立作的地方，不仅是政治家定章立规的地方，也不仅是文人谈情说爱的地方，更是名人的长眠之地。

这一眠也就留下了历史文脉，哪怕深埋地下。冬至祭祖时我们会烧元宝给土地菩萨，这也算一种祈求和纪念吧。

二 当年的明星人物苏曼殊，今天只在小圈子里被人谈论，今天的人们反而更多地知道**李叔同**先生，一是因为他曾经任教于杭州贡院的浙江两级师范学校，二是那一首由他填词的《送别》实在是太优美太有名了。他在杭州只教"副课"音乐和美术，但是他的国文比国文老师好，他的外语比外语老师好。这样一位明星式老师，最后连他的出家也在学校造成了不小的影响，校长**经亨颐**不得不一本正经地撰文规劝学生不要仿而效之，虽然李先生就是他聘请来的。

李叔同是泡过海水也烧过火焰的人，对于他后来出家的原因，一直来有一个似是而非的说法，即四个字——看破红尘。如果你照着这个逻辑去想也是能想通的，什么都玩过了什么都看过了，那就看破红尘呗！但是再仔细一想，想想这百年以来的中国文人和名人，真正能看破红尘抛家别子去当和尚的又有几人呢？所以我以为，可能更多地出于自身身体和精神的原因，也包括他有更高的追求。

看破红尘，就需要有一种比红尘更为强大的精神力量。我以为李叔同的精神力量源于他苦修佛学。在杭州，**李叔同**一待就是九年，大有一半勾留是此湖的情缘，但即便如此，他在出家后还是离开了西湖。想当年，他曾为西湖写下如此的长短句："看明湖一碧，六桥锁烟水。塔影参差，有画船自来去。垂杨柳两行，绿染长堤。扬晴风，又笛韵悠扬起。看青山四围，高峰南北齐。山色自空濛，又竹木媚幽姿。探古洞烟霞，翠扑须眉。雪暮雨，又钟声林外起。大好湖山美如此，独擅天然

名人履痕

——个体生命里的西湖

美。明湖碧无际,又青山绿作堆。漾晴光潋滟,带雨色幽奇。靓妆比西子,尽浓淡总相宜。"

这虽然远不如他的"长亭外古道边"为人知晓,也不如他写西湖的散文,但是他对这片湖山的热爱也已经表现在文字中了,而且连"靓妆"一词都已经用上了。

李叔同喜欢杭州,跟当时好多文人墨客喜欢西湖是一样的道理。因为这里有一个气场,有一种延续了千年的文脉,或者用今天的话来说,是有一种文化生态,文人墨客在湖边品茗谈艺。西湖又似佳人一个,总有那么好的性情,所以即使做一介书生,李叔同也心淡如水,至少表面上看起来是这样的。特别是我们读到他写西湖的文字之后,真是会被他那种文字打动的,此种文字有张岱之神韵。且看他的西湖夜游记——

壬子七月,予重来杭州,客师范学舍。残暑未歇,庭树肇秋,高楼当风,竟夕寂坐。越六日,偕姜、夏二先生游西湖。于时晚晖落红,暮山被紫,游众星散,流萤出林。湖岸风来,轻裾致爽。乃入湖上某亭,命治茗具。又有菱芰,陈粲盈几。短童侍坐,狂客披襟,申眉高谈,乐说旧事。庄谐杂作,继以长啸,林鸟惊飞,残灯不华。起视明湖,莹然一碧;远峰苍苍,若现若隐,颇涉遐想,因忆旧游。曩岁来杭,故旧交集,文子耀斋,田子毅侯,时相过从,辄饮湖上。岁月如流,倏逾九稔。生者流离,逝者不作,坠欢莫拾,酒痕在衣。刘孝标云:"魂魄一去,将同秋草。"吾生渺茫,可唏然感矣。漏下三箭,秉烛言归。星辰在天,万籁俱寂,野火暗暗,疑似青磷;垂杨沉沉,有如酣睡。归来篝灯,斗室无寐,秋声如雨,我劳如何?目暝意倦,濡笔记之。

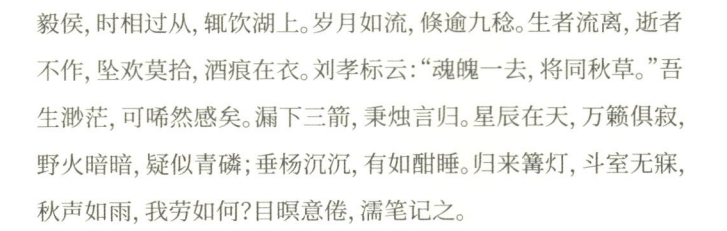

关于李叔同的出家修行,他的学生丰子恺先生曾有过精彩的评述:"我认为他的出家是当然的。我

以为人的生活，可以分作三层：一是物质生活，二是精神生活，三是灵魂生活。物质生活就是衣食。精神生活就是学术文艺。灵魂生活就是宗教。'人生'就是这样的一个三层楼。懒得(或无力)走楼梯的，就住在第一层，即把物质生活弄得很好，锦衣玉食，尊荣富贵，孝子慈孙，这样就满足了。这也是一种人生观。抱这样的人生观的人，在世间占大多数。其次，高兴(或有力)走楼梯的，就爬上二层楼去玩玩，或者久居在里头。这就是专心学术文艺的人。他们把全力贡献于学问的研究，把全心寄托于文艺的创作和欣赏。这样的人，在世间也很多，即所谓'知识分子'、'学者'、'艺术家'。还有一种人，'人生欲'很强，脚力很大，对二层楼还不满足，就再走楼梯，爬上三层楼去。这就是宗教徒了。"

我以为做个宗教徒还是有难度的，但为人做事，有点宗教精神却可能是有好处的。李叔同这样的人，是大时代中的精英分子，而他留给杭州的，不仅仅有美文佳句，更有他的一帮学生：丰子恺、潘天寿、刘质平，还有他的同事夏丏尊、姜丹书等，这些人对李叔同之后的中国的教育和艺术，产生了不可估量的影响。

㈣ 曾经有一度，杭州有一个引起了争议的称谓：女性化城市。所谓引起争议，这就在于你怎么看了，如果说小气或小富即安或心思缜密，那可能是贬多于褒了，因为杭州人会反驳说我们素来是有杭铁头精神的；如果你将之当作"补食"，说杭州小家碧玉精致和谐，再加上苏小小的传说，又是欲把西湖比西子，那不是女性化又是什么呢？

应该说苏小小的传说是美轮美奂且完全跟西湖山水相得益彰

名人履痕

——个体生命里的西湖

的,特别是那一首抒写小小心曲的小诗:"妾乘油壁车,郎骑青骢马。何处结同心,西陵松柏下。"

虽然这最后是一个悲剧的故事,所谓男人都是负心郎,这在传说中尤其明显,只有卖油郎独占花魁女中的那一位卖油郎,好像没有文人和官人的坏毛病。似乎男人在美面前都是无一例外地会败下阵来,这也是苏小小的传说以及她的坟墓尚能留在西湖边的原因,因为人人心中都有一个苏小小。

在"女性化城市"里,有一位女性就持剑伫立在西湖边,这是一位真正的女侠,她就是秋瑾,而她的塑像和苏小小重修的坟墓相距不过百米。

我以为一个女人要留下名声来,一半是靠她的传奇,一半也要靠她的诗句。秋风秋雨愁煞人,这算是这个奇女子最好的注释。秋瑾之后,再无秋瑾;秋瑾之前,有名的女人有两条路可成名,要么做妓女,要么做才女,也有合而为一者,但秋瑾选择了第三条道路,即暴力革命的道路,只可惜革命没有成功,女侠就香消玉殒了。

现在秋瑾站在西泠桥畔,算是给西湖平添了一丝剑气。人称"鉴湖女侠"的她,生前对闺蜜说过死后要葬在西湖,因为她太爱西湖了。就在她为国杀身成仁之后,闺蜜便实现了她的愿望,但其过程却是屡经曲折,因为这其中有十次"迁徙",读后是令人感慨的:始葬,1907年7月15日,绍兴府城卧龙山西北麓。首迁,1907年10月,迁往绍兴常禧门外严家潭。二迁,1908年2月,迁葬于杭州西泠桥西侧。三迁,1908年12月1日,因御史常徵"告发",被迫迁葬回绍兴城外严家潭。四迁,1909年

秋,远迁湖南湘潭昭山,与王子芳(秋瑾丈夫)合葬。五迁,1912年夏,迁葬湖南长沙岳麓山。六迁,1913年秋,还葬杭州西湖西泠桥西侧原葬处。七迁,1964年,迁葬杭州西湖鸡笼山。八迁,1965年初,由杭州鸡笼山迁回西泠桥原葬处,改为圆丘墓,墓表石刻冯玉祥题联:"丹心已结平权果,碧血常开革命花。"九迁,1966年"文化大革命"动乱发生,墓被拆除,遗骸再葬于杭州鸡笼山。十迁,1981年10月,还葬于西湖孤山西北麓,西泠桥南堍。墓顶设汉白玉雕像。

离秋瑾塑像不足千米,也有一位她的老乡,坐着的相对低调的鲁迅先生。是啊,鲁迅就应该坐着,不过就是这样坐着,我觉得也够孤独的了。因为就其生平文字来看,先生好像并不钟爱西湖,甚至还有点不喜欢,这跟秋瑾的志趣是完全不一样的。这大约也是男人和女人的不一样,女人再怎么激越和前卫,小包包还是会挎着的,小包包里面口红和小镜子还是带着的,而男人呢,则可能更为孤绝。

但是我们仍然要感怀于鲁迅先生,这大约有三个方面的原因。一是他从日本归来后便是任教于浙江两级师范,这一点跟李叔同相似,只不过他在贡院的名气并没有那么大。他当时主要是教植物和生理,并担任日籍老师的助教兼翻译。他在贡院期间数次在湖山之间采集植物标本,其中以孤山和栖霞岭为最多,所以孤山建有先生的塑像是完全有道理的;二是他写了著名的《论雷峰塔的倒掉》和"再论",这实际上是用另一种方式推广了西湖。之前我参评有关西湖诗文的全国大奖赛,在上千篇来稿中,有近一半的内容是用了断桥和雷峰塔的典故,这其中有很多的观点都还没有跳出鲁迅的思想范围;第三是鲁迅虽然劝郁达夫、王映霞不要定居杭州,但他也是携许广平来杭州补度了一个

名人履痕

——个体生命里的西湖

"蜜月"的,在著名的楼外楼也叫了两顿饭,应该说也还是最大程度地过上了一种世俗的日子。鲁迅自然是极端聪明的人,所以他会定居上海而非北京,更非杭州。他的弟弟周作人曾写过祖父曾因科举舞弊案在杭州坐牢的事情。鲁迅没有写,不写不等于可以忘记这样的事情,这是一种家族的屈辱,屈辱在美面前发酵了之后,那美可能也会变形吧。

五 是的,湖山还要才人捧,这个才人,一般指的就是文人墨客,或者做了官的文人墨客,但是在杭州西湖,还有一批武将和政治家在驰骋沙场的同时又在湖边留下了千古诗篇,这其中更有因报国无门而壮怀激烈的仰天长啸者,他们中以岳飞、于谦和张苍水最为有名,史上人称"西湖三杰",因为他们都有一个共同特点,即都是大厦将倾、国家危难之时被冤杀,死后都是葬于西湖,这就让杭州西湖不仅有文人之气更有英雄之魂。

西湖三杰的首杰即是岳飞,岳飞是中国老百姓家喻户晓的英雄人物,在杭州,就有岳庙、风波亭、岳家湾、打铁关等跟岳飞直接有关的胜迹和地名。如果从英雄故事的必备要素来看,岳飞的最大看点就在于他精忠报国最后却是以莫须有的罪名被杀死,这也让中国的中小学生记住了大概是唯一一个三个字组成的成语"莫须有"。在中国的民间,除了关公之外,岳飞大概是最受人追崇的,岳母刺字更是被人们津津乐道,也是励志教育中必不可少的一课。同时我们注意到岳飞的故事,又是以家族群像呈现的,除了岳飞和其母亲之外,还有他的弟弟岳云和妹妹银瓶等,这说明老百姓是很想更多地知道一些他的故事的,包括今天跪在岳坟前的那四尊铁铸的"奸臣",就表达了人们爱憎分明的感情。而在文人世界里,岳飞的被人称颂更多是因为他的那一首《满江红》。如果让我选十首伟大的宋词，岳飞的这一首一定是占有一席的，而且朗诵起来能让人热血沸腾："怒发冲冠，凭栏处、潇潇雨歇。抬望眼，仰天长啸，壮怀激烈。三十功名尘与土，八千里路云和月。莫等闲，白了少年头，空悲切。靖康耻，犹未雪；臣子恨，何时灭。驾长车，踏破贺兰山缺。壮志饥餐胡虏肉，笑谈渴饮匈奴血。待从头、收拾旧山河，朝天阙。"

由岳飞我们很自然地想到了于谦，他几乎是岳飞故事在明朝的翻版，于谦是正宗的杭州人，官至兵部尚书，现在的杭州重修了于谦墓和于谦祠，在三台山麓近茅家埠，那是跟自然山水颇为吻合的。人们到了纪念他的地方，便自然会想起他那一首著名的《石灰吟》："千锤万凿出深山，烈火焚烧若等闲。粉骨碎身全不怕，要留清白在人间。"

这首诗跟西湖没关系，但却跟人品和一个时代的精神品质有关。至死都要做清白的人，这就是一种精神信仰。这28个字不仅是言志，还隐藏着极大的信息量，因为就从政的仕途而言，于谦是极为顺当的，受到几任皇帝的信任，最后英宗要杀他时也还有点下不了手，这样的人品和才情却要拿石灰自比，可见我们的大明帝国已经是一个怎样的帝国。

另一位明末的张苍水也是兵部尚书，抗清名将，1664年10月25日（永历十八年九月初七日），张苍水被清军杀害于杭州弼教坊。当他赴刑场时，大义凛然，面无惧色。他举目望见吴山，叹息说："大好江山，可惜沦于腥膻！"就义前，赋《绝命诗》一首："我年适五九（指四十五岁），偏逢九月七。大厦已不支，成仁万事毕。"传闻临刑时，他"坐而受刃"，拒绝跪而受戮。张苍水墓位于杭州南屏山北麓荔枝峰下，这完全符合他生前的愿望，因为他曾有《忆西湖》

名人履痕

名人履痕
——个体生命里的西湖

一诗:"梦里相逢西子湖,谁知梦醒却模糊。高坟武穆连忠肃,添得新祠一座无。"

张苍水就是想跟岳飞和于谦能葬在一起,这是何等的胸襟啊,而有情有义的杭州人也让这些英雄能安息于好山好水之间,这其实也是西湖的福气,是杭州的精气。杭州正因为有岳飞于谦苍水这样的"西湖三杰",才使今天的我们还有精神座标可寻。虽然一部中国历史抑或一部官场史也绝非"忠奸"二字所能涵盖的,张苍水所言的"大厦已不支"也多少有点补天乏术之感,但是当我们谈及"西湖三杰"时,也竟有一种时空的穿越感,在这样的穿越中,一块英雄的纪念碑永远树在人们的心中。

六 英雄爱西湖,平民更爱西湖,平民所爱的西湖是市井况味,而并非像林处士那般高蹈孤绝,所以西湖边会有楼外楼和知味观,包括奎元馆和天香楼,它们的味道和西湖的味道其实是一脉相承的,这也意味着西湖边的名人其实也是散居在街巷里弄的寻常百姓,透着浓浓的市井味。这其中以陆游和龚自珍最具代表性。

在杭州的孩儿巷98号,一座被市民保护下来的小楼,相传曾是陆游在杭的居住地。不仅如此,诗人还留下了"小楼一夜听春雨,深巷明朝卖杏花"的著名诗句。这是多么美好的市井小巷啊,春风扑面,花香流溢,正如我们有时匆匆走过位于闹市区的孩儿巷,走过98号那个门墙时,会看到一些老者坐在那里晒太阳,那样一种平和,就是生活和诗歌本来的面目。而诗人陆游和杭州的关系,其实是比白居易和苏东坡更为紧密的。在并不遂心的公务和壮志未酬的境遇下,陆游还是为杭州西湖留下了不少的诗篇,比如《西

湖春游》:"灵隐前,天竺后,鬼削神刬作岩岫,冷泉亭中一尊酒,一日可敌千年寿。清明后,上巳前,千红百紫争妖娆。冬冬鼓声鞠场边,秋千一蹴如登仙。人生得意须年少,白发龙钟空自笑。"再比如《自真珠园泛舟至孤山》中写到的:"呼船径截鸭头波,岸帻闲登玛瑙坡。弦管未嫌惊鹭起,尘埃无奈污花何。宦情不到渔蓑底,诗兴偏于野寺多。明日一藤龙井去,谁知伴我醉行歌。"陆游也有在游湖时想起岳飞而作的诗,这跟张苍水想到岳飞和于谦是相似的:"逢著园林即款扉,酌泉鬻笋欲忘归。杨花正与人争路,鸠语还催雨点衣。古寺题名那复在,后生识面自应稀。惊心六十余年事,双塔依然在翠微。"另外,陆游也是一位有名的咏梅高手,这有名不仅是因为此词被某个大人物提起过,更主要的是他写出了梅花的况味,见《卜算子·咏梅》:"驿外断桥边,寂寞开无主,已是黄昏独自愁,更著风和雨。无意苦争春,一任群芳妒,零落成泥碾作尘,只有香如故。"

陆游是有点悲情的,但这一点不影响今天在他故居门口晒太阳的老人和玩耍的孩子,真的,老人晒太阳是必然,但小朋友玩耍实在快要成为稀罕之事了,哪怕这个地方就叫孩儿巷。

相对来说,龚自珍故居人们知道得就要少一些了。龚先生生于1792年8月22日的杭州,算是一名两百年前的90后,两百年后,杭州在他位于上城区马坡巷旧居的位置上建起了一座纪念馆——龚自珍纪念馆,以纪念这位杭州籍的出色的思想家和诗人。如果从建筑的角度上来说,此纪念馆并不大,但考虑到此处曾是他的旧居,所以跟其他一些纪念馆相比,还是颇有点古旧的味道。我记得第一次走进这个纪念

名人履痕

——个体生命里的西湖

馆，是跟一批诗人朋友，其中还有来自台湾的前辈诗人。自那以后的二十多年里，杭州的名人纪念馆也越造越新，所以我对这个叫小米园的房子还是存有好感的。龚先生的诗，总给人浓郁激愤之感，好像是在黑暗的铁屋中呐喊，正如人们最为熟悉也被引用最多的那一首诗："九州生气恃风雷，万马齐喑究可哀。我劝天公重抖擞，不拘一格降人才。"

今天的龚自珍纪念馆找起来会费点小周折，那个小米园实际上是清代桐乡贡生汪淮所建，后来为龚自珍的爷爷购得又重建，现在这里门牌挂的还是马坡巷16号，但你问人马坡巷在哪里，可能只有那一带的老杭州人还知道。

像孩儿巷98号、马坡巷16号这样的房子，在今天已经屈指可数了。所幸的是，同样在繁华区域里的耶稣堂弄里还保留着一座名人故居。人们一听耶稣堂弄这个名字就懂了，这就是美国友人司徒雷登的故居。1876年6月24日，司徒雷登出生在这幢房子里，这幢房子是美国南长老会传教所的寓所。司徒的父亲是著名的传教士，死于中国，后葬于杭州九里松。不仅如此，司徒的母亲和司徒的两个弟弟（不幸早逝）亦葬于此，所以九里松曾是司徒家族的墓园，但现在墓地已经不可寻。在横扫一切牛鬼蛇神的年代里，中国名人的坟墓都保存不了，何况是跟"美帝"有关的。房子拆了还可以复原重建，但坟墓就不太好办了。现在耶稣堂弄的房子也是在原址上重建的，这就是今天的司徒雷登纪念馆。

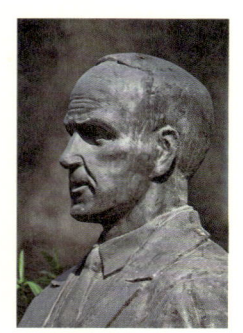

而在杭州人眼中，司徒雷登创办了燕京大学又做了驻中国大使，跟社会各界多有交集，比这更为重要的是，他因自小在杭州长大，所以能说一口地道的杭州话，

而且他是先会说杭州话，后来才学的英语。这是让杭州人最感兴趣的。虽然今天没有他说杭州话的录音，但仅凭书上所写的这一点，杭州人就对他平添了一份好感。当司徒雷登渴望跟先逝的妻子共同葬于燕京大学校园（今北京大学）的心愿不能实现时，又是杭州接纳了这位老朋友，让这个生于杭州的美国人最后又葬于杭州，这也像是一种宿命。2008年11月17日，司徒雷登的骨灰葬于杭州半山安贤园，就好像完成了一次生命的轮回。而他带给杭州和中国的，应该说还远远没有划上句号。司徒雷登曾在他的自传中说："我一生中大部分的时间以中国为家。精神上的缕缕纽带把我与那个伟大的国家及其伟大的人民紧紧地联系在一起。"他笔下的杭州更是美轮美奂的："杭州是中国历史最悠久，风景最美丽的城市之一。西湖山峦环抱，山上庙宇错落，十分令人喜爱；远处是以'钱塘潮'而著名的风景如画的钱塘江，杭州的这些郊野景色一直是中国文学艺术中著名的题材。"

事实上卫匡国、甘惠德、梅腾更等外国人在杭州的传教、办学和行医，让杭州多了一些开明开放之风气，尤如西湖原来也是大海的一部分。而意大利人马可波罗在元朝时就把杭州介绍给了世界，并称誉杭州是"世界上最美丽华贵之天城"。

（七）话说回来，很多名人于杭州西湖，或许也只是匆匆一瞥，甚至是波澜不兴的，比如出生于杭州陆官巷的林徽因。她四岁就随父离开杭州了，但杭州并没有忘记这位才貌双修的佳人，在著名的花港观鱼公园门口，一尊镂空的雕塑显示了这位佳人的别致风韵，这样的风韵既是抽象的又是具象的，它能给人无限的想象。在我看来这大概可以称得

名人履痕

——个体生命里的西湖

上是杭州最好的雕塑。是的,杭州既有秋瑾这样的女侠形象,更有大家闺秀和小家碧玉式的形象。东坡先生在一千年前就已经定下基调了:若把西湖比西子,淡妆浓抹总相宜。西湖总的基调是一名温柔婉约的女子,这是毋庸置疑的。

这样的温柔和婉约又是英雄豪杰所喜欢的,他们驰骋沙场马革裹尸,不就是因为内心有一种家国情怀吗?因此这大好的湖山也将永远铭记这些有名和无名的英雄。

而在今天的西湖音乐喷泉旁,矗立着中国第一尊抗战纪念碑。那是淞沪战役国军八十八师阵亡纪念碑,后统称为"抗战纪念碑",是由雕塑家刘开渠先生创作的,纪念碑落成于1935年2月。这尊纪念碑让美丽的西子多了一些英雄气概。同样的,在松木场小区还有一块国军八十八师淞沪抗战阵亡纪念牌坊,那牌坊上"浩气长存"四个大字,每每见之都让人心绪不能平静。杭州的平安和幸福,西子的温柔和美丽,是由无数热血男儿用鲜血和生命换来的,这是我们要永远铭记的。这样的纪念碑,又大大拓展了西湖的视觉空间。同样的,孤山后草坪上陈英士跃马腾空的形象,一下子提升了西湖的高度。不仅仅指空间的高度,更是精神的高度。今天的平海路在民国时期曾改名为英士街,也是为了纪念这位辛亥革命的英雄。

西湖周边还有一些雕塑小品,好似飞入寻常百姓家。它们或在湖边或在路旁,像林社边上的林启,西泠桥边的黄宾虹,还有像章太炎、马一浮、马寅初、盖叫天、潘天寿、沙孟海等大师名家的纪念馆和故居,都已对外开放。这些恰是杭州这座历史文化名城的一个有机组成部分。或许,西湖边哪里少了一块石头,你是看不出来的,但是这些名人的履痕,恰是西湖最为动人、最为永恒的东西。

名人履痕

名人履痕

个体生命里的西湖——

西湖之美,不仅在于"湖山此地曾埋玉",更在于"风月其人可铸金",千百年来,西子湖畔,多少巾帼须眉临水结庐,江岸埋骨。湖畔、长堤、断桥、墓宇,梅桃杨柳之间,帝王将相、英烈奇僧、才人雅士,丰碑大刻,络绎于途。

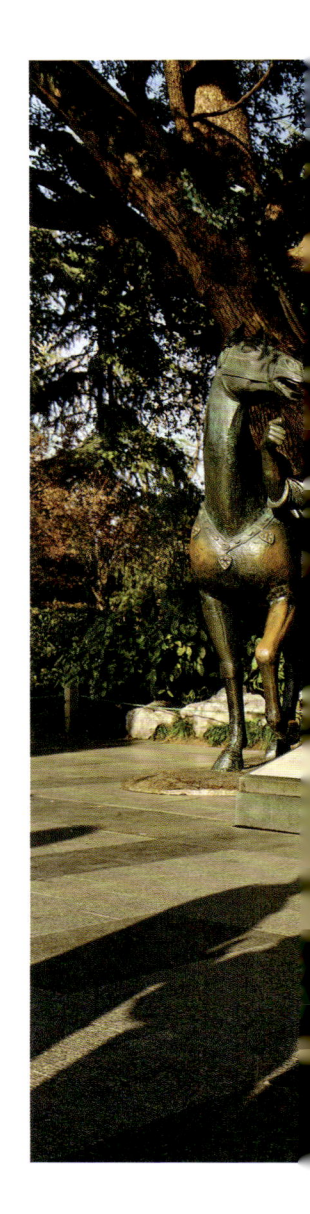

西湖湖滨
六公园　白居易像

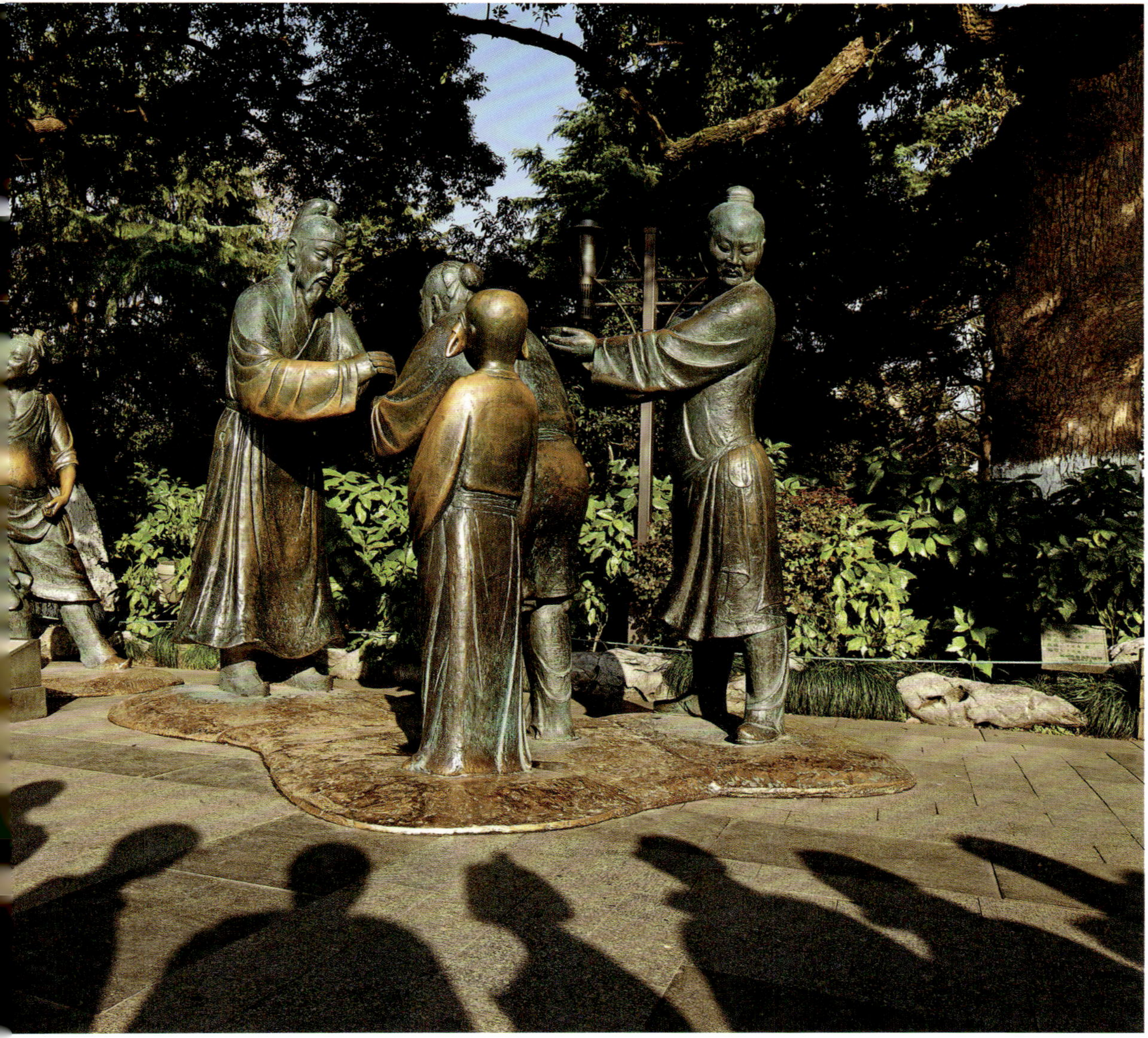

西湖南线
苏堤　　苏轼像

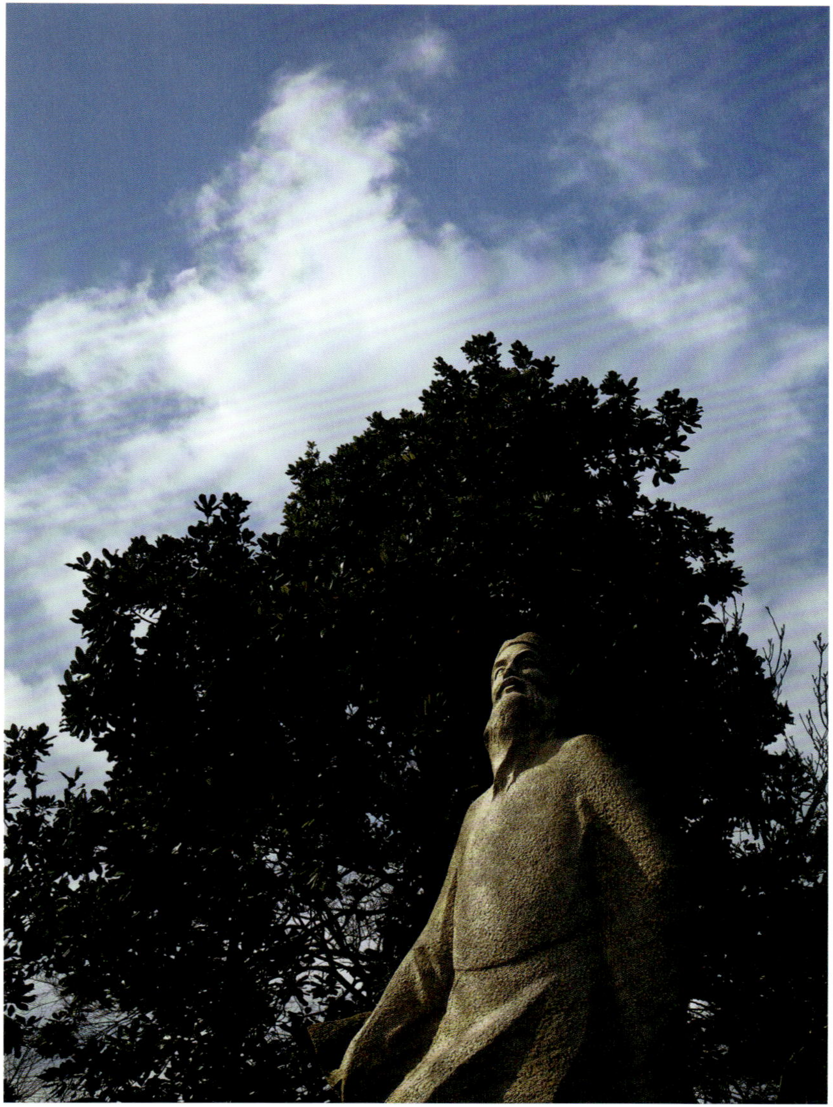

西湖北线
孤山　　放鹤亭

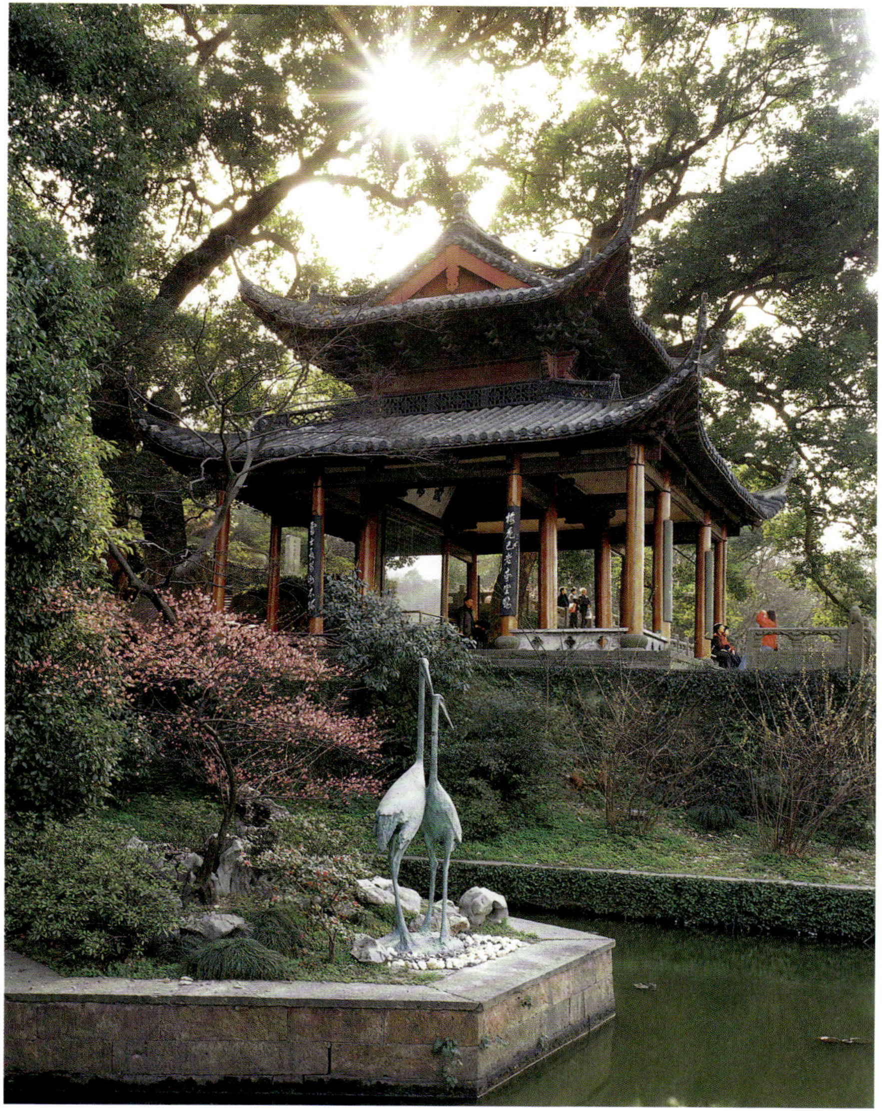

西湖北线

岳湖　　岳飞像

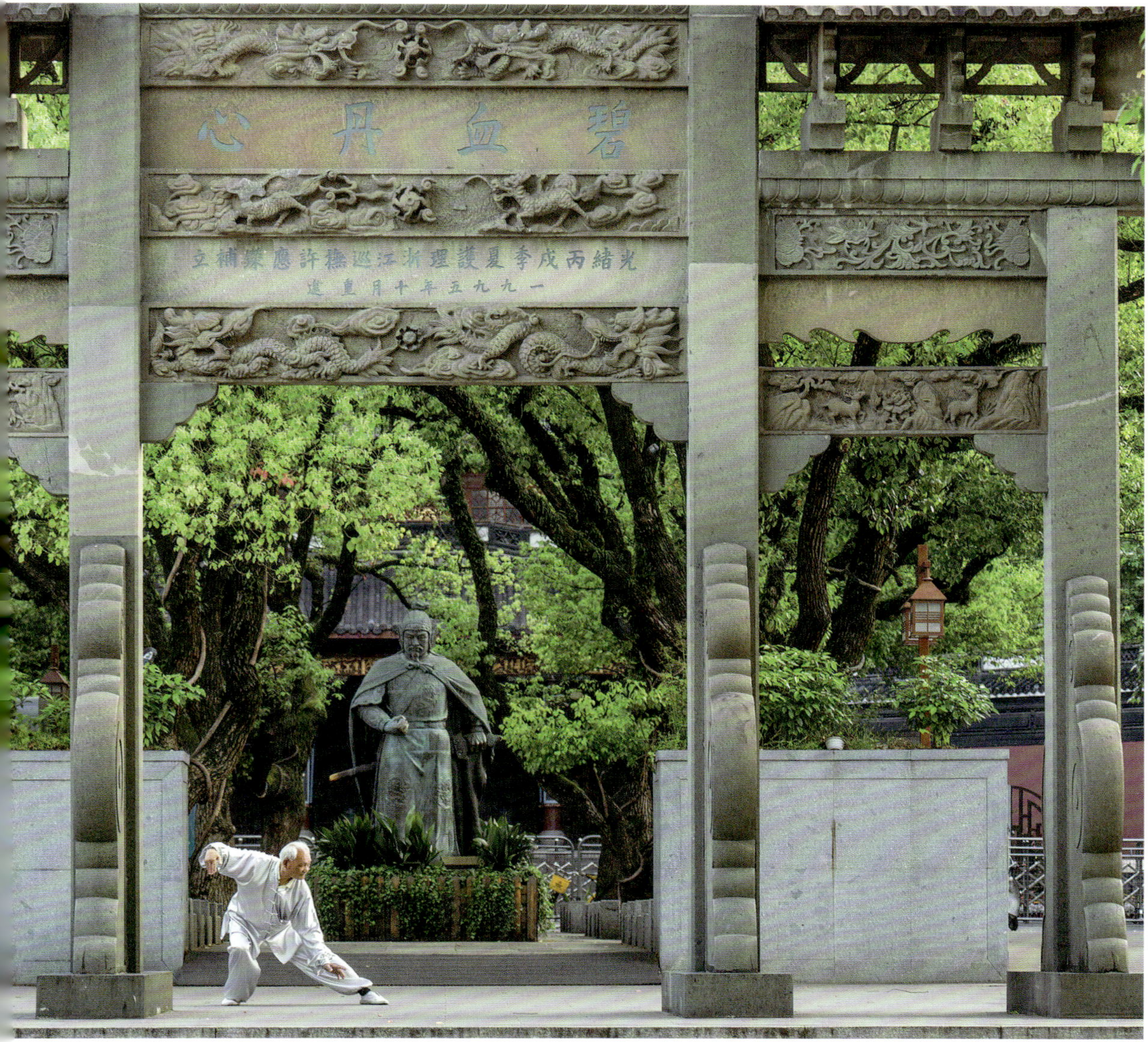
碧血丹心
光緒丙戌季夏護理浙江巡撫許應鑅補立
一九九五年十月重建

西湖东线

孩儿巷　陆游纪念馆

98
先进基地
98Civilian Residential Housing of
Hai'er Lane
本馆可使用
学生市民卡
杭州市人民政府
杭州市市级文物保护单位
孩儿巷98号民居

西湖南线
祠堂巷　　于谦故居

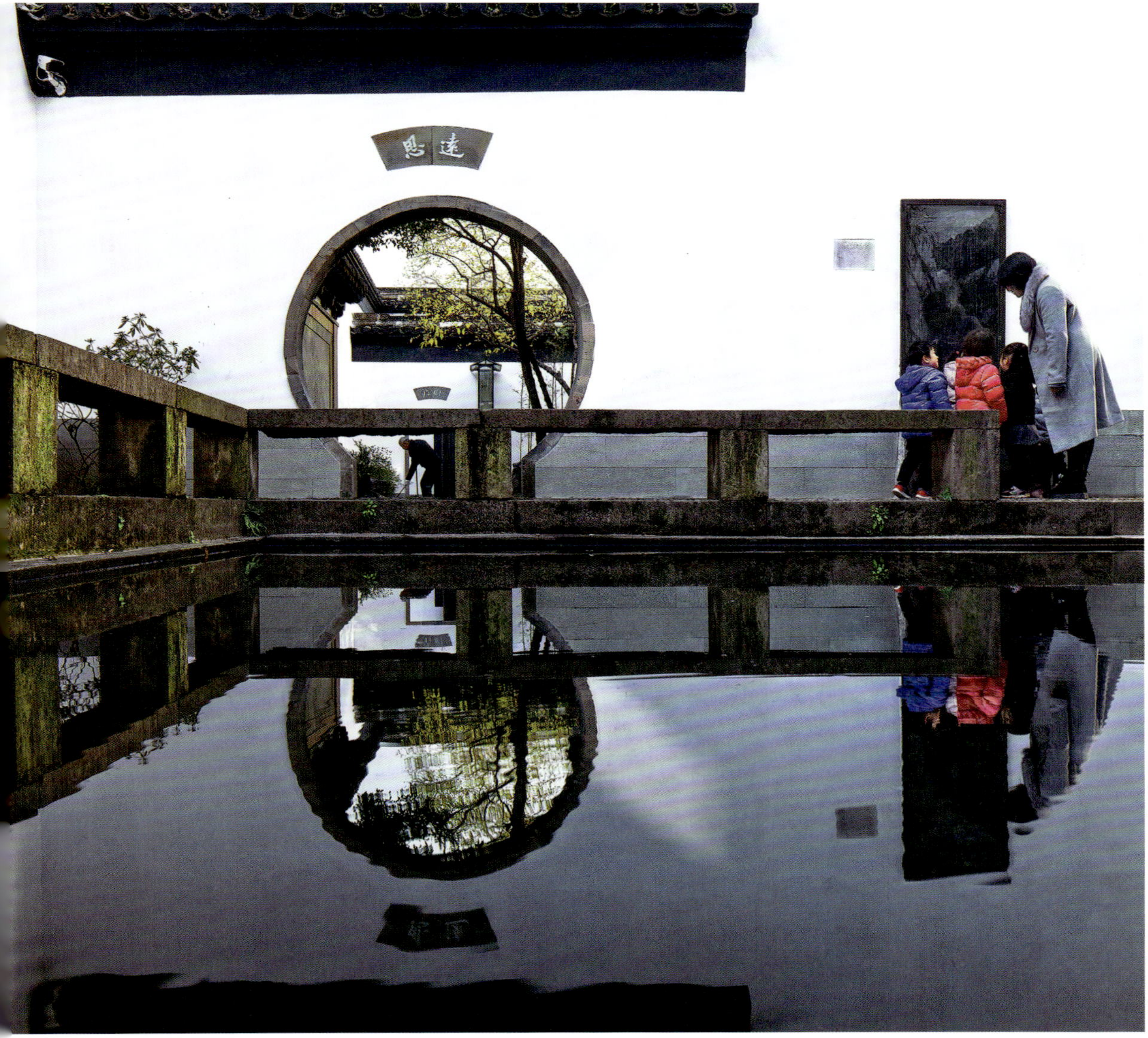

西湖北线
孤山路　　秋瑾像

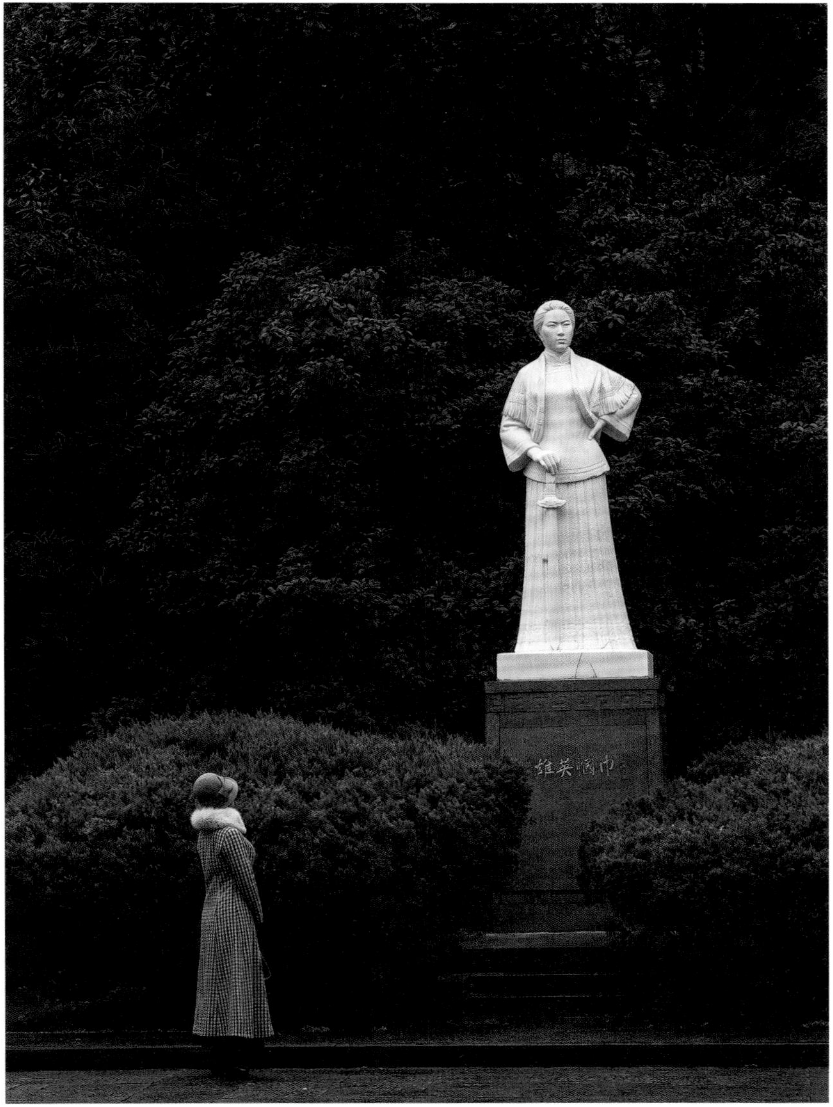
巾帼英雄

西湖北线
孤山　　陈英士像

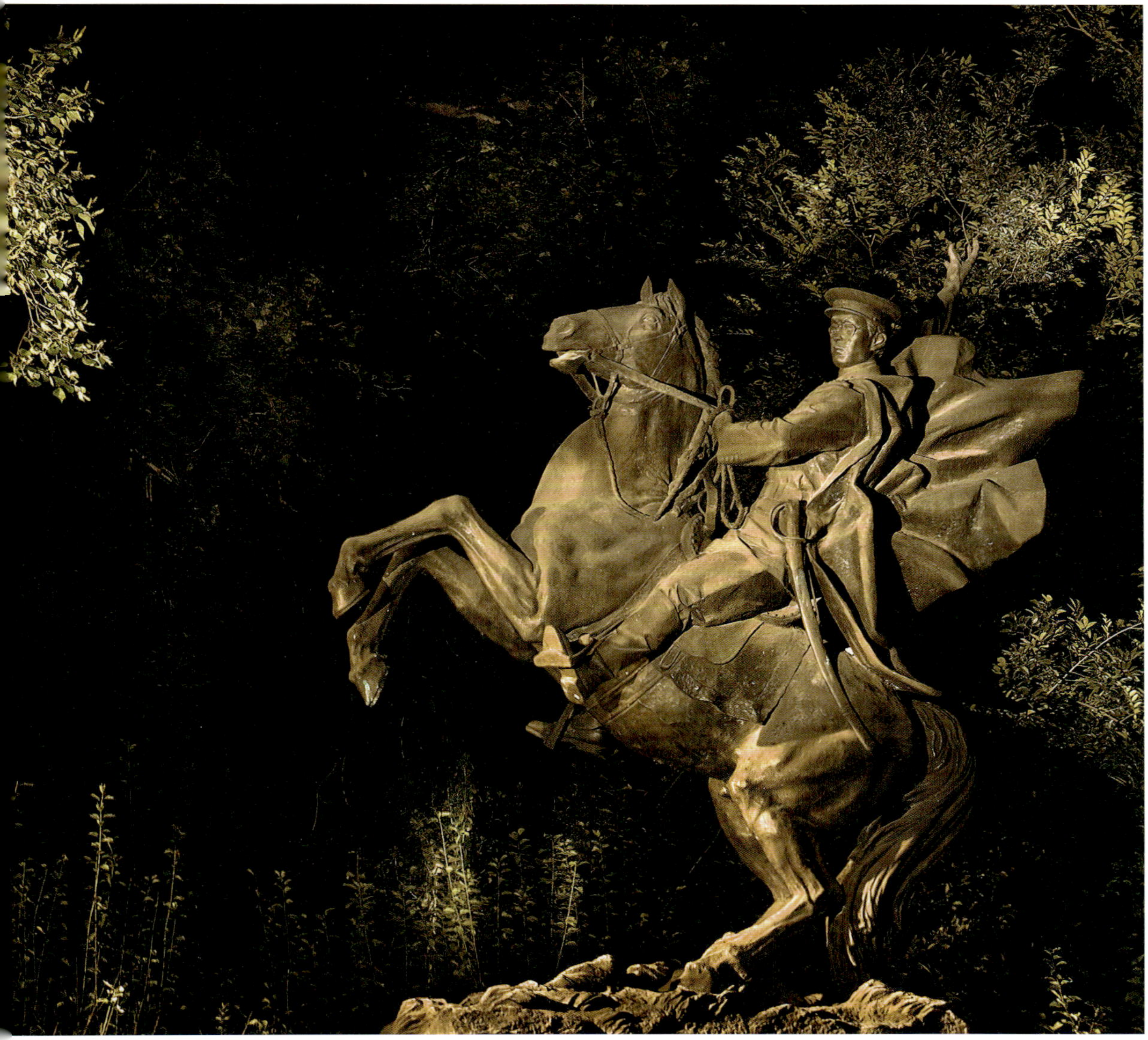

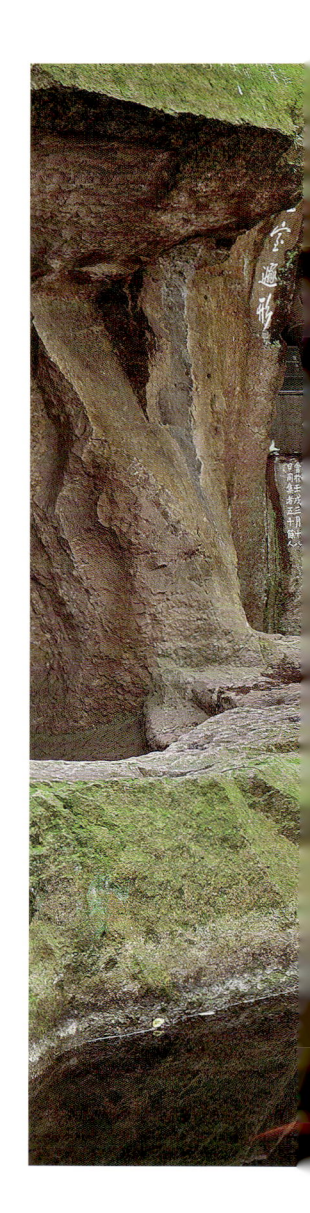

西湖北线
孤山　　吴昌硕像

岳亭

金僻閱世

觀印崖

闕宋

錦帶橋

西湖西线
虎跑寺　　弘一佛塔

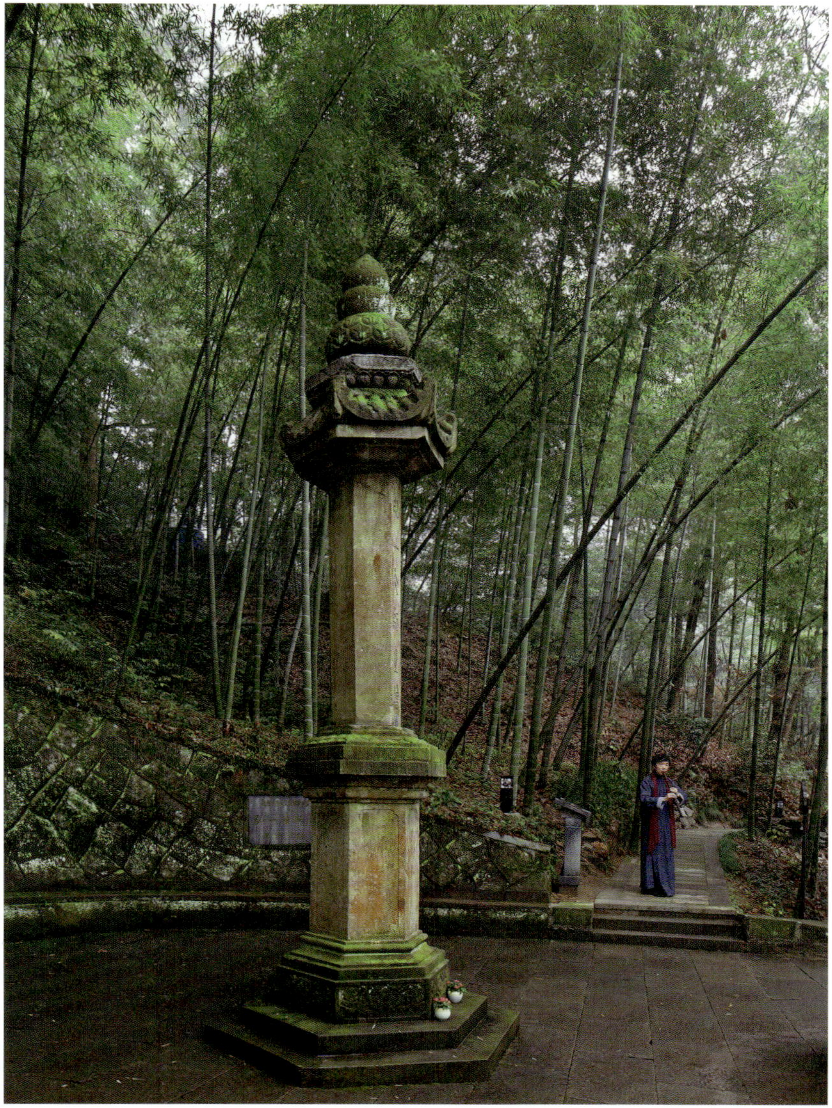

西湖北线
北山街　　秋水山庄

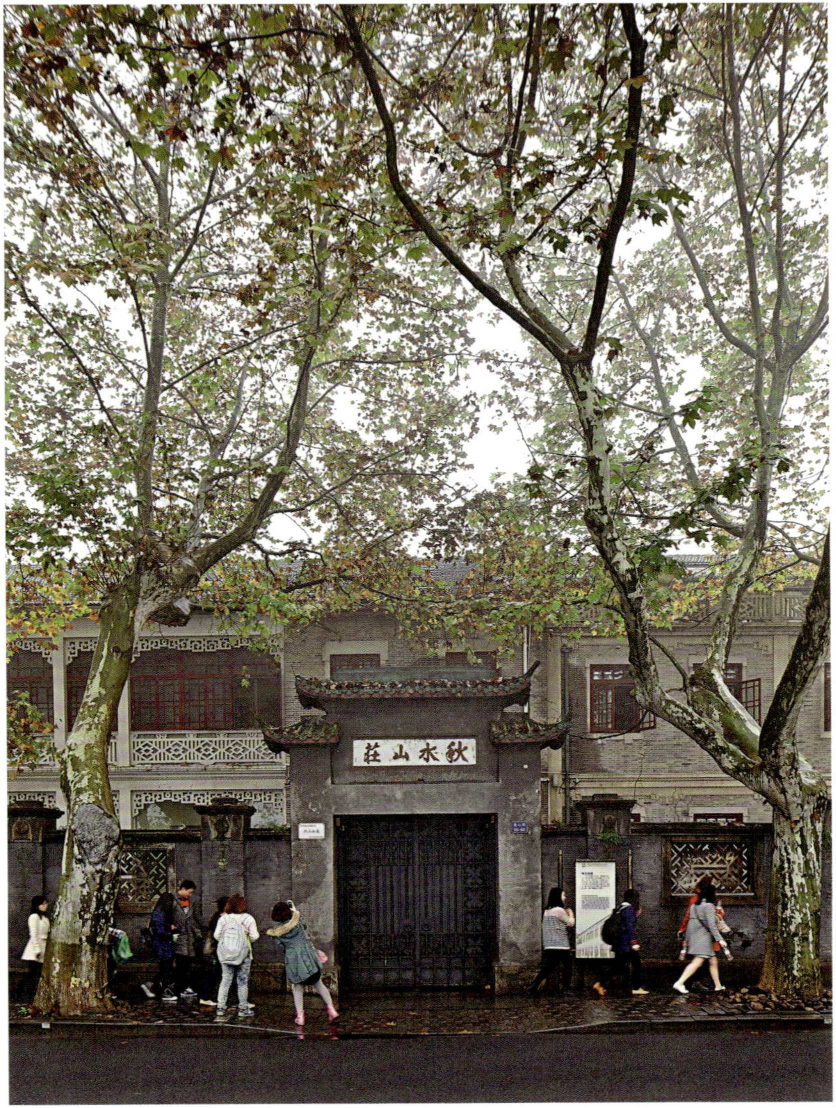
秋水山莊

西湖西线

花港公园　　林徽因雕塑

恰恰可人中
和谐的轮廓披着风霜
层生动的
无论哪一个
巍峨的古城楼或一
角倾颓的殿基的灵魂里无
中都在诉说乃至于歌唱时间上漫不可信的变迁

西湖东线
耶稣堂弄　　司徒雷登故居

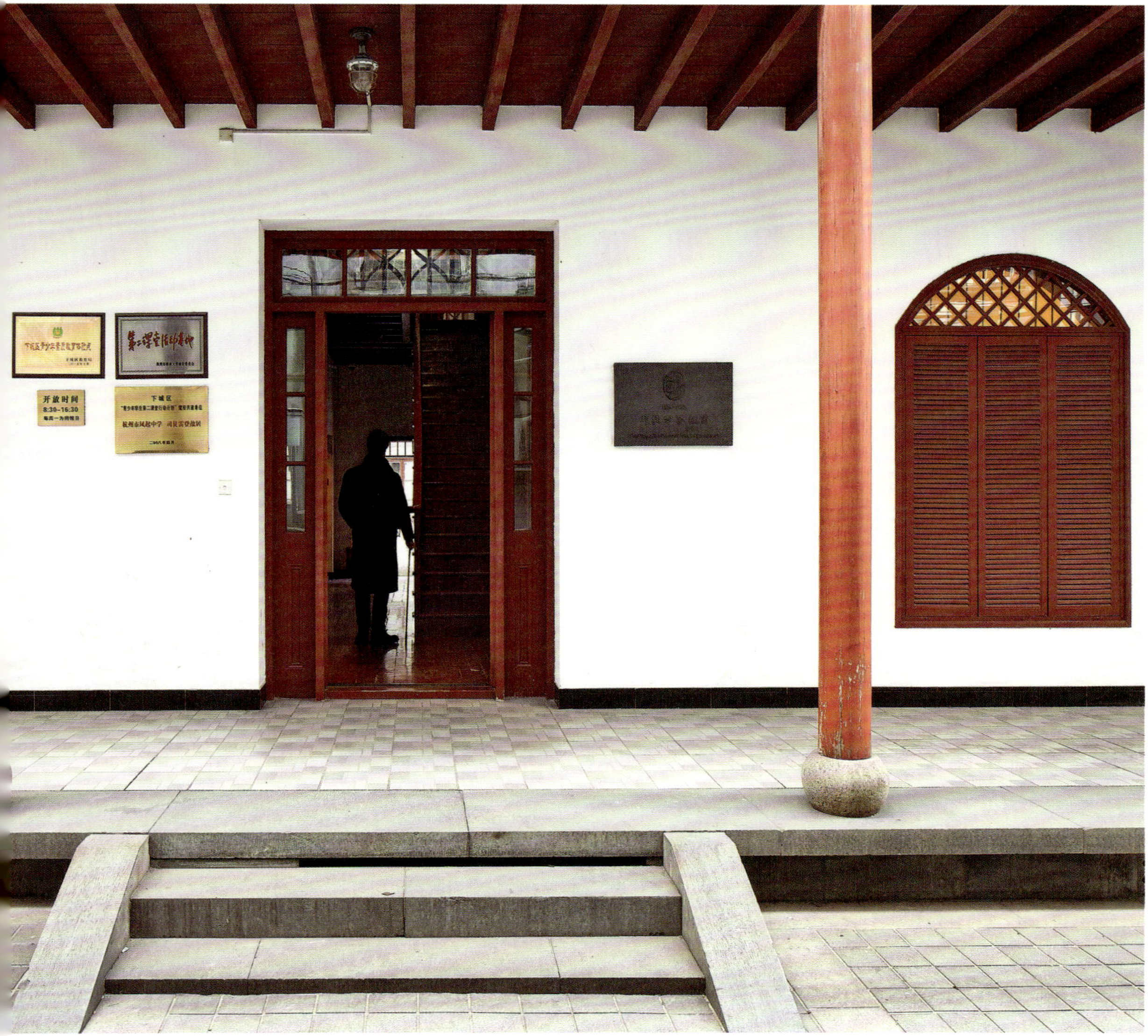
开放时间
8:30-16:30
下城区

西湖西线
花港公园　　马一浮故居

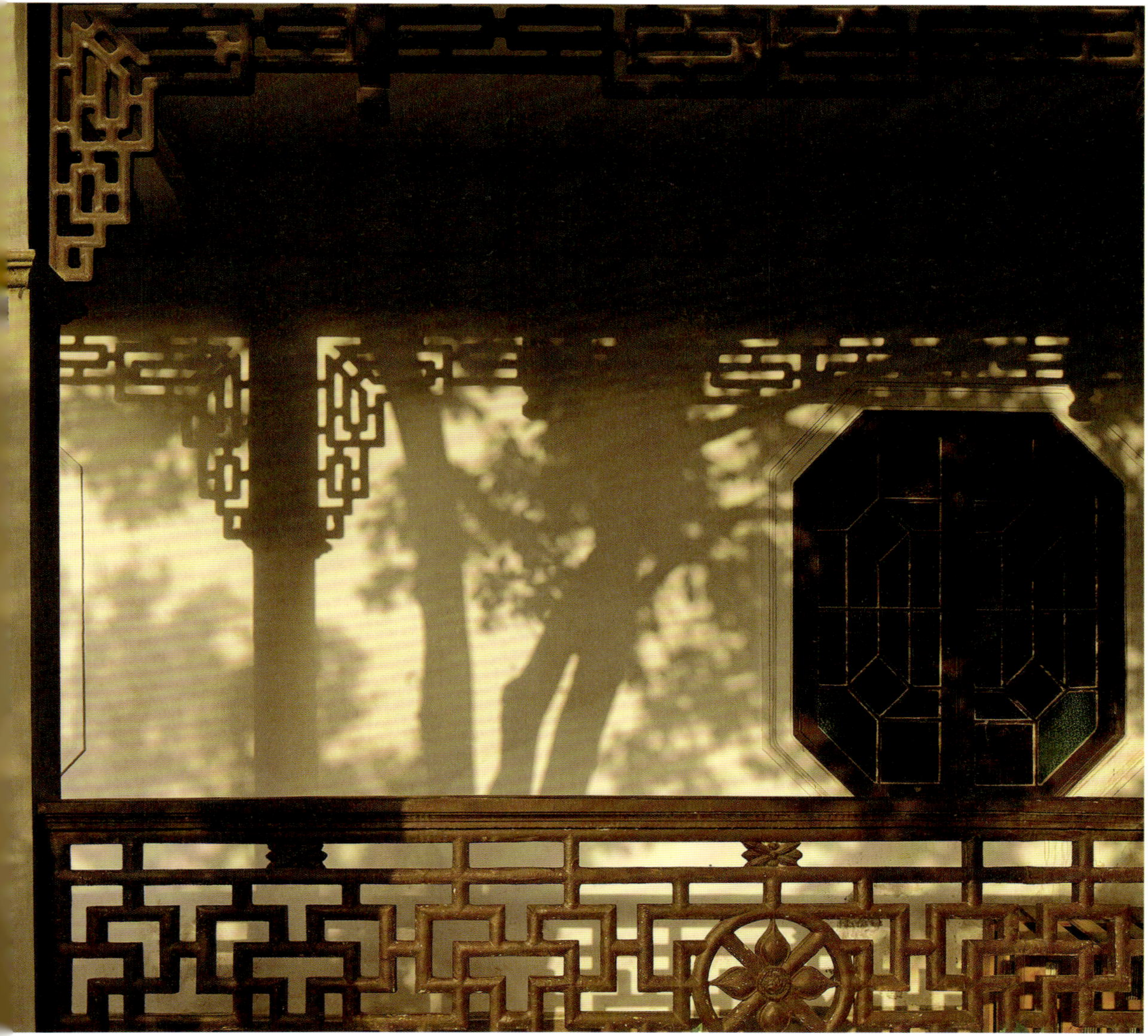

西湖北线
孤山路　潘天寿像

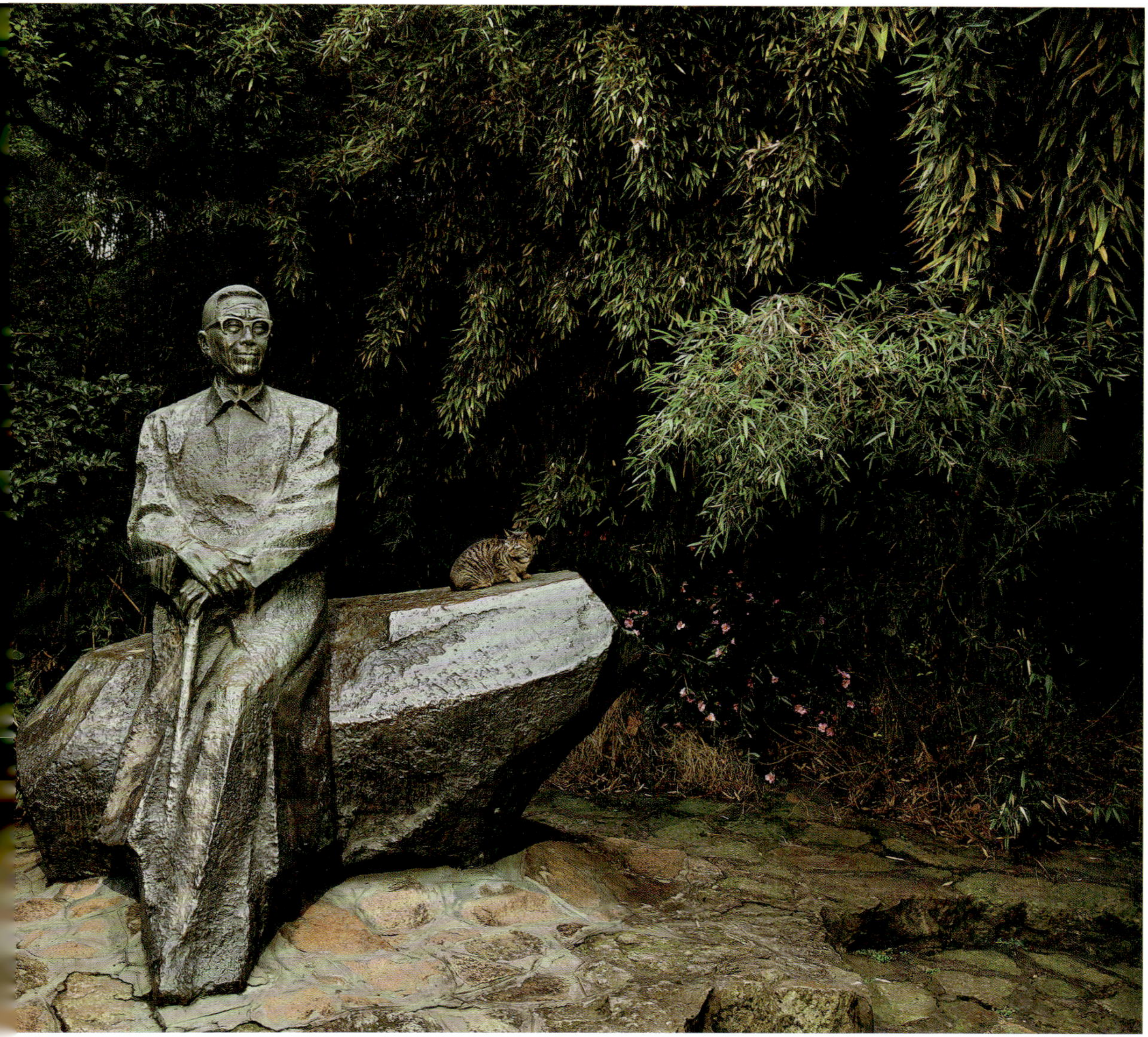

西湖湖滨

三公园　抗战纪念碑

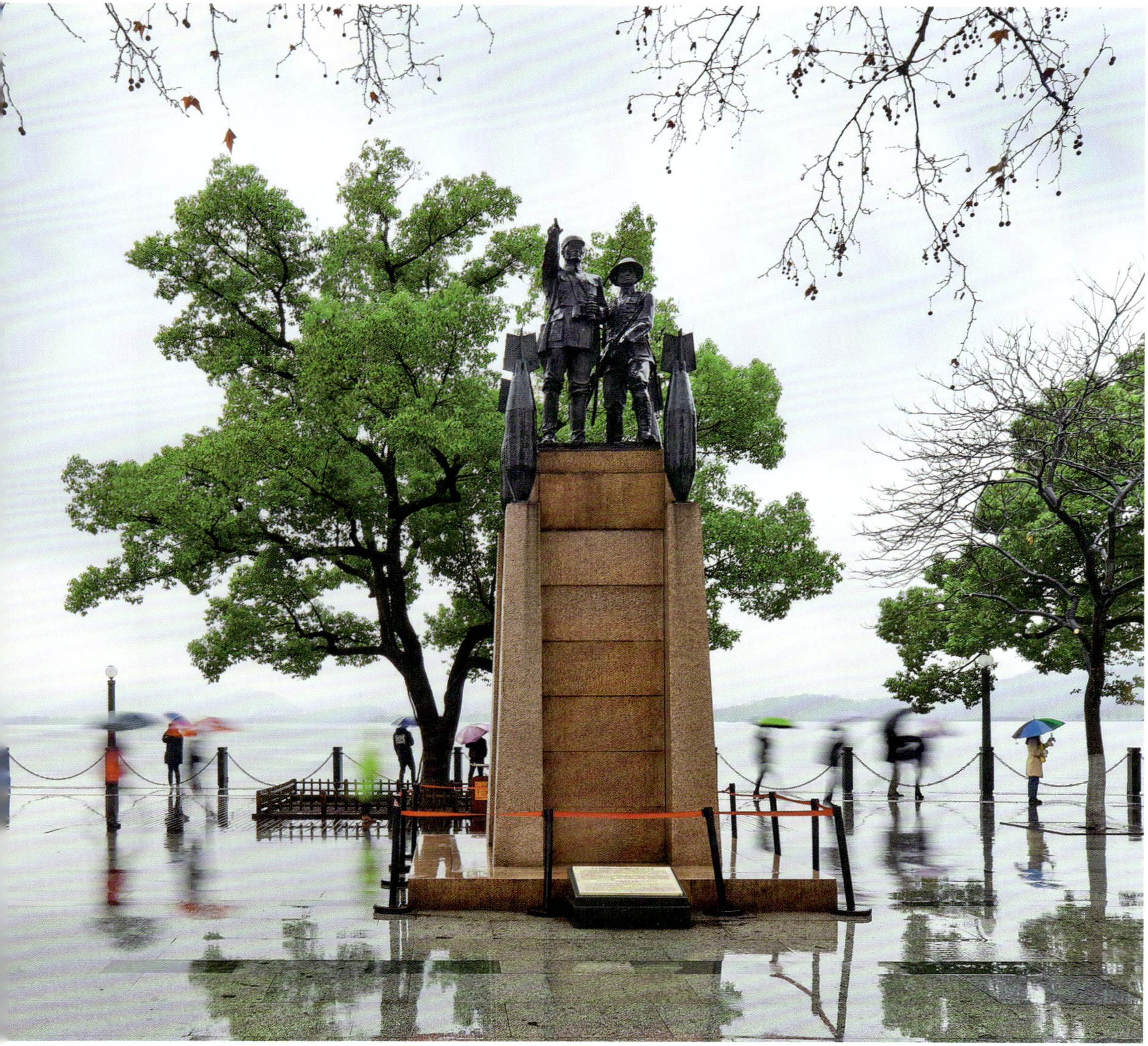

湖山游踪

山 水 园 林 中 的 西 湖
——

西湖湖滨 六公园

湖山游踪

——山水园林中的西湖

一 在关于杭州的诸多描述和定义中,有一顶帽子是无可争议的:山水园林城市。在这样的城市中,西湖既负责山水又担纲园林,因为杭州三面环山一面湖,自古以来也一直把杭州说成是湖山之城。山在城里在中国是不少的,但整个湖都在城里,且是在城的核心地区,那还是不多见的,用今天流行的话来说,西湖既有颜值担当,又是气质担当,因为西湖本身就是一座山水园林。

最早关于园林的概念,也还是来自于古人所说的移步换景、曲径通幽等说法,其样板也多取自于经典的苏州园林,这也是有现代作家叶圣陶先生的同名文章为例的,这个文章曾收录于初中语文课本,中国至少有上亿人阅读过,那也让人多少会对园林留有一点印象。

后来发现在江南的不少富庶地区,藏有相当可观的私家园林,尤其是杭嘉湖和苏南、皖南等地区,那些园林一开始都只是供少数人玩赏的,因为是私家性质的。而当一个城市有了"公园"的概念之后,山水园林才真正跟普通人的生活发生紧密的关系。在杭州,公园的概念应该是始于民国,因为杭州把西湖从禁苑中解放出来,那是在推翻清政权之后的事情了,那之前西湖周边驻着旗营,这西湖自然也就成了禁苑了。民国之后,湖滨一带的建设才拉开了序幕,1929年首届西湖博览会的场馆又设在临湖的北山路,于是又推动了一波建设。而进入新世纪之后,杭州出台的还湖于民、西湖西进等举措就让西湖更加亲民了,也就是说市民和游客看西湖逛西湖,用自己的脚丈量西湖,那绝对是免费的,这就让西湖成了名副其实的山水大公园。

这样的亲民其实不仅仅是政策层面的,更主要的还是重启了杭

州西湖山水园林的秉赋特征。要知道苏州园林以及江南的不少私家园林最初都是大户人家建的,园林和园林之间是不可能打通的,这跟杭州有着本质的区别,这就是"私园"和"公园"之间的区别。杭州的山水园林都是围绕西湖在做文章的,所以她在自然秉赋上是得天独厚的。

世界上有哪座城市有西湖这样的秉赋和诗性呢?更何况名人传说、才子佳人的故事也都发生在这座山水园林的舞台上。这就是说,缺了山水,园林难免捉襟见肘,少了花影移墙、峰峦当窗之妙;而缺了园林,山水也就一览无遗,少了些移步换景、廊庑回环之趣,就像故事少了些起承转合。很多时候,书上所说的曲径通幽、柳暗花明一定要到具体的场景中才更有切身的体会。比如在岳湖一带的曲院风荷,它的占地面积实际上是不大的,但是你一进去七转八弯的,就是在顺着湖的一角在做文章,且这个文章还让人有新鲜感,即使你不是初次造访,你也还有期待,并不一下子能让人看出套路来。更重要的是,西湖这座山水园林,她是自带历史人文的,湖中的光影见证了往昔的时光,而湖边的每一块砖石,都记录了那寻常而又不凡的岁月。

二 要说起我对西湖,对山水园林的第一印象还是在童年时期,具体说来那还是在学龄前,有一次父亲带我路过植物园,给我买了一只手拉的竹笛,当时觉得那声音真是太美了,特别是在植物园里吹玩起来,那竹笛发出的声音,好像跟真的鸟鸣声是完全融合在一起的,这里有一种逗,有一种趣,就像长大后看的口技表演一样。那时我也还是一只小小鸟,之后我再也没有听到过如此美妙的声音了,很可能,小

湖山游踪

湖山游踪

—— 山水园林中的西湖 ——

时候的记忆就是这样美轮美奂的。

如果说西湖就是一座山水园林,那这个园林的妙处是大园林套小园林,但这又不是俄罗斯套娃,那小娃被大娃套住就看不见了,而西湖的山水园林可不是这样,那是大处写意,小处也写意。这其中既有天然品性又有匠心独运。这里的"大"和"小"都自有它的妙处,"大"并非大而无当,"小"却又能小中见大,这就拉开了我们和私家园林的距离,即使像**刘庄**、汪庄和郭庄这样的,之前一个个都是独立的私家庄园,但今天在我们的印象中,它们是既独立又统一的。这种独立是因为各有各的地理和气场,各有各的故事和传说,然总体上看,它们是和湖山完全融为一体的。

从大处写意上看,读懂了西湖园林,便也就读懂了宋画的意境,近年来论及宋画的文字很多,但涉及西湖的似乎不多。画家创作自然是独具创造性的,但画家和环境之关系,写意画作中有没有写实或写生的元素,这是大可以探讨的。这也是我们在品读中国山水画时必须时时要考量的,真如今天我们重温**西湖十景**,那实在都是有"实景"的,我们后来二评三评西湖十景之后,就没有再敢评下去了,这是为什么呢?因为景之不存,名有何用?景之不美,名便不存;即使有名,也未必能流传下去,流传的最大推手就是时间,而且是那种缓慢的时间,不是高铁时间。而最大的形象代言就是皇帝的御名。清朝作为从关外打江山而来的王朝,的确蛮欣赏中华传统文化的,这种文化就体现在"**平湖秋月**"、"苏堤春晓"这些名称中。今天人们一看到这些名称,再看看四周景致,似乎就懂了什么叫意境二字。而李唐、刘松年、马远、夏圭等大画家的作品,就是在今天看来仍然十分亲切,因为他们的基调和风格,一看就是南宋的,

一品就是西湖的,把这两者相加,南宋+西湖,那可以令人产生无限的遐想。

具体说到西湖的山水园林,可从白堤和苏堤说起,这写在西湖上的一横一竖,人们把功劳记在白居易和苏东坡身上,是不无道理的。而从园林布局而言这也叫隔与不隔。没有堤,人们便无法深入到湖中亲近。湖和海不同,我们在海边走走就说我看见了大海,但是你说你在湖边走走就说我看见了西湖,这虽然没有错,但还是不够的。湖是要深度亲近的,比如泛舟即是一种,走在白堤上亲近桃红柳绿也是一种,所以我说首先要抓住这一横一竖,它为西湖布下了最好的格局,多少亭台,多少水榭,皆出自于它又融入于它。而南山和北山又怀拥着西湖,北有保俶如少女,南有雷峰如老衲,它们相看两不厌,对望千百年。这样的山水大局,这样的园林气象,已非一景一物一小品了。

比如说白堤,除去断桥白娘子和许仙的传说之外,我们最为津津乐道的,就是一株桃树一株柳的景观。如果局部看,这样的景观或许不算特别出彩,但从一帧一帧相连的长镜头看,那就真是妙不可言了。最妙的还是倒影,一有倒影,这湖的妙处便就显现出来了,好像在天地之间凭空增加了深度和广度,这是一般的园林所无法企及的,那里虽也有一池睡莲几朵荷花,但还是一方封闭状态下的小品,这里我们所说的山水,就是天地,就是自然。

白堤是这样,苏堤也是这样。而从白堤远眺北山街,那些房子好像也突然有了灵性似的,怎样

湖山游踪

湖山游踪

—— 山水园林中的西湖 ——

将房子一类的建筑融入自然山水中,这一直是中国文人和建筑师在探寻和破解的问题。现在的北山街还保存着一些民国建筑,以新新饭店和秋水山庄为代表,它们面朝西湖,自带故事,历经沧桑,它们是历史融入自然山水的一个经典样板。而如果我们叩开老建筑的门扉循径踏入,那又是另外的一个格局,比如秋水山庄里的园林格局,比如从新新饭店的湖景房中远眺出去,这个时候你看到的西湖是动静适宜的,这时如果你刚好喝了一杯龙井,这时的湖面就会升腾出一股茶香,丝丝缕缕,袅袅不绝。

这也让我想到了西湖老照片,这其中有一部分就是山水园林,总体是自然朴素,乃至有一点点萧瑟的,因为很少看到人影,但人恰恰是山水园林的主体,这可以孤山作为样板。

● 我先要从地理或行走的角度来描述孤山和她周边的场景。

由西向东一过了西泠桥,分界便也出来了。先是苏小小墓,这是可以勾留5分钟的地方。在西泠桥上,你左右前后四顾而望,到处都是风景,到处都比这个圆形墓冢要强。可是如果我们又知道一点人文的掌故,这个5分钟是必须要勾留的。

然后往东南走你就看到了秋瑾的塑像。一个女人要留下名声来,一半是靠她的传奇,一半也要靠她的诗句,当然还得有她的塑像,这会让老百姓记住她。

往东行走,便有著名的六一泉,这典故便要说到苏东坡和欧阳修了,但现在这个泉,早就不复文字之美了。真的,泉水是最麻烦的,一旦枯竭或堵塞就是死水一潭了,好在美丽的传说是永远鲜活的。过俞楼便是西泠印社,便是中山公园,便是文澜阁。不说俞楼,就很容易会忽略了这所树木掩映下的房子,这几年的树木长得实在是快,可是俞楼是不会再长了。俞曲园以及俞平伯,他们都应该成为孤山的一个部分。他们都是低调的,无论建筑还是气场,都没有说一定要突出谁来,只有楼外楼是例外。

北有全聚德,南有楼外楼,而且它完全吻合"山外青山楼外楼"之诗意。在一个似乎远离人间烟火的地方,有这么一座江南的美食名楼,可见中国文化真是善于兼容并蓄,即使是美食文化也必须跟美景相融合。此店因为名气甚大,生意也好,楼外楼还在向西湖伸出手臂,湖中的画舫以及文澜阁的部分临湖的房子,也成了餐厅之一。我很奇怪,当年日本作家芥川龙之介写中国行记,写到杭州时,他感兴趣的也是楼外楼而不是西泠印社或文澜阁。那么我是不是也可以这么说,楼外楼之后,便也再无楼外楼,虽然作为一种经营模式,它是可以克隆至社区的。然而在孤山之下,这么一个从国家元首到一介平民都可来此用膳的地方,这么一个用人间烟火来诠释文化经典的地方,又是能跟山水融合在一起,这是大可以研究的另一篇文章。

那么接下来的浙江博物馆和西湖美术馆,以一种完全开放免门票的方式,吸引着人气。从年代看这些都还是新馆,但一追溯就可到西湖艺专旧址,可以跟蔡元培先生的美育观连在一起,所以那里有蔡元培和林风眠的塑像,

湖山游踪

湖山游踪

——山水园林中的西湖

我曾见一男问一女,说林风眠是谁,女答曰可能也是个画家吧。听了这段西湖边的对话,我想在这块土地上让美育成为宗教是不大可能的,但让人知道蔡元培是谁、林风眠是谁,应该还是可以做到的。这让我想记起六一泉边有一尊潘天寿的像,也是我最近才看见的,那地方其实在是有点狭促,人们常说寸土寸金,但园林格局不就是要在方寸之间造出大气场吗?

作为西湖十景之一的平湖秋月,从不缺乏人气,现在秋月是不常见的,但一年四季那个亲水平台还是在的,天气好坐下来喝杯茶还是可以的。如果有闲,去对面的浙博和美术馆看看,现在两个馆把大门打开接客,这是走了国际化的道路,虽然国际性的展览仍然不多。有一次我路过时,丰子恺的"一钩新月天如水"漫画展和黄宾虹"雨淋墙头月移壁"画展正好同时在举行,这两位都是了不起的大画家。这两位大师,或许是代表了当今为止中国文人的最高艺术境界吧。你就看这两个画展的名称吧,不就是这两位大师的两幅画吗?而在艺术家的眼里和笔下,一切皆是风景,一钩新月天如水,这就跟平湖秋月同构了一种风景;至于雨淋墙头月移壁,那本来就是寻常之景,但大画家就有这个本事,能将寻常变成审美。现在的普通人可能做不到构建和拥有私家园林的条件了,但小阳台上种花种草,不还是想在心中造一个山水园林吗?从这个意义上说,每个人心中都有一座孤山,艺术和园林的孤山。

而如果我们选择另外一条路,既走那孤山后草坪的路径,那就会跟放鹤亭和林社相遇了。其实孤山有两个林,一个是北宋的林和靖,一个是近代的林启,后者是开浙江现代教育先河者,从渊源上说,浙江大学就是他创办的,所

以这里的林社，是为纪念他而建的。

而关于林和靖，我曾有专文写过。我想说的是艺术家必然是自恋的，是一意孤行的，把这样的自恋和精神放在孤山来看，这就是孤山的气场。现在想来，跟孤山有关的人，其精神气质都近乎于痴狂，至少也是痴迷的，这恰是一种艺术的人格。与此相关的，与孤山相关的，可以举出不少例子来，如苏曼殊，如冯小青，还有如西泠印社的创办人。

时间到了1904年，三个杭州人，一个绍兴人，他们竟然心心相印，结社孤山，办起了西泠印社。那是一个何等的乱世啊，但是痴石印者竟然在一方小小的印章中找到了知己和安慰，而且他们还竟然"占山为王"，在清行宫旁边筑起了房子，慢慢兴修土木，而且请来了大师吴昌硕。那个年代的大师，诗书画印都只是基本功而已，更重要的是他们都是大写的人，他们仅凭诗书画印，便可行走江湖。

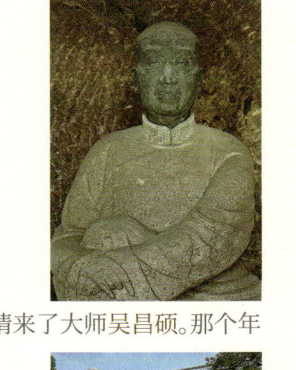

在这四个创始人中，我们特别要注意丁辅之，因为他又是隔壁文澜阁里《四库全书》的编纂者丁丙、丁申的后人，这说明在孤山这样的地方，艺术和文化是可以一脉相传的，正如那个年代的家谱族谱，是在回答"我从哪里来"的问题。

这就回到了这样一个话题，园林是以人而灵、以人而名的，如果园林的主人默默无闻，这不会影响园林的美感，但是总觉得少了些人气和谈资，所以西湖边的山山水水，无论地上地下，都是有人气而且还有一点点仙气的。这也得以让我重新审视结社自

湖山游踪

湖山游踪

——山水园林中的西湖——

由的话题。西泠印社在这方面就是一个范例，正如那个时代的南社以及秋社和林社等粉丝团体一样。像南社就是个以诗会友的革命团体，其实凡结社者总是有一种革命的倾向的，只不过艺术的革命有时跟流血牺牲的革命也的确是没有什么关系的，唐宋元明清，江山易主，但艺术和流派却是在代代传承，比如赵孟頫和黄公望，他们主要生活在元代，这就可以回答元代有没有大艺术家的问题了。具体到书法和绘画，流派一直在变迁，但西泠只有一个，孤山只有一座，而且也总是需要几枚印章落款的，所以印社之小，却衬出了艺术之大。几代印人的小小经营，终在孤山成了大气候，而昔时和今日又有大不同，昔日是大家偶玩小石头，像吴昌硕、经亨颐、李叔同这样的人，而今日之时代已经不是产生大师的时代，所以我说小家玩大石头可能有点苛刻，但在一个时代迅速远去的时候，有时也唯有几尊印石方能留下一点什么。

很可惜西湖边的很多老房子在今天已经不可寻觅了，相比较而言，孤山一带还是保存得好的，至少有点修旧如旧的感觉，可是湖对岸南山之麓的白云庵以及众多寺观就没那么幸运了，白云庵表面看就是一座静静的庙庵，实际上它是一座辛亥革命的火药库，后来的事情证明了这样一个道理，爆炸之后是要终归于宁静的，这就是今天人们所希望的西湖的样子。

所以孤山之小，恰是浓缩了中国文化之大，为了避免大而无当大而无径，我们可常去孤山走走看看，常去近处的园林看看。这样的园林依山傍湖，虽然山不高，湖也不大，但足以安放你的一颗艺术之心了，你也可以不从事艺术，但懂一点艺术，知道林风眠和潘天寿是谁，可能还是有好处的。

（四）我也丝毫不掩饰对曲院风荷的喜爱，正如我对一杯酒的喜爱，这个昔日造酒的作坊，竟然取了这样一个至美至幻的名字，美有各种各样，幻也是这样。

每一次去曲院风荷，回过头想想都不是特意的，多数是开会，少数是吃饭，饭前饭后时间尚有充裕就以步代车了，这样的机会转瞬即逝，但抓住也就抓住了。有时走过苏堤、杨公堤周边，有时就在岳庙周边勾留，那里都是人和交通相对比较密集之处，所以就很想躲进曲院成一统，风荷看我洗尘心。尤其是夏天，在夕阳西下之时，那些水中的荷花亭亭玉立，绿的杆叶红的花，这样的一种搭配充满了生命的张力。实际上比起荷花来，我反倒更喜欢荷叶，说不出更多的道理，我觉得那些绿色的曲线非常提神养眼，根伸进泥里，叶张开身姿，尽其所能地衬托那盛开的荷花。接天莲叶无穷碧，映日荷花别样红，写荷花谁也写不过杨万里了，不过今日西湖之荷花，在诸如郭庄这样的地方，有时也一朵又一朵地就养在水缸中，成为一种独特的景致，这就是以前私家园林的做派。至于"留得残荷听雨声"，已经成为人们的共识，现在在北山路临湖的一带，是专门留了一片残荷的，那不管是不是用来听雨声，至少用来拍照片还是蛮美的。如果取景有特别的用意，倒也是能从残荷上拍出稻田收割后的场景。适当地保留自然旧物，也是我们对自然的一种尊重，这是园林城市经营者理念的一种转变，比如在林荫道上保留一些秋天的黄叶，这就有了另外一种美，这也让人感受到秋天的别样韵味。

湖山游踪

——山水园林中的西湖

再说到曲院风荷,我真正喜欢上它,是在一场大雪之后,那一次我刚买单反不久,恰好天降大雪,这真是天赐良机,而家门口又刚好有一路公交车到杭州花圃,所以我就这样有目的地闯进了这一坛天地之间的酒意。

对于西湖来说,雪是可遇而不可求的,否则也就不会有"雨湖不如雪湖"的说法,细数歌咏西湖的名篇,带雪的并不多见,这既是说明雪湖难写,更是说明西湖下雪或积雪并不常见,所以唯有张岱《湖心亭看雪》留传了下来,连同那一场明朝的大雪。

四时西湖已经够美了,但下了雪的西湖却有另一种别致的美,这种美是什么呢?是晶莹剔透吗?是万籁俱寂吗?是山水空濛吗?都有那么一点点,但又不全是。首先是雪能让平庸变美,比如西湖周围那些突兀的不甚和谐的甚至想喧宾夺主的建筑,恰恰因为雪的覆盖和掩饰,也变得不那么丑了,从这一点上说,雪是大自然的化妆师;其次是雪让事物之间的分界线也变得模糊了,出现在照片上,有时近景和远景的界线也变得朦胧不清了,反正你从镜头上看上去皆是雪,真是白茫茫天地真干净;第三也是很重要的一点,雪会营造气氛,虽然一切景语皆心语,但你不能否认雪景的心语还是能让人变温柔的,雪积在路上,人们走路和开车便会小心翼翼,雪下在心里心就温暖起来,因为人们不想总是看到一个太为寻常没有变化的世界,人们渴求变化和新鲜,这从人们的手机依赖症中可以看出,而雪恰恰带来了这种变化,而且明知这种变化非常短暂,转瞬即逝,所以才格外珍惜,正如那天我这个菜鸟也背着一只相机走进了曲院风荷。

那天的雪足有一指厚，不少地方有两指厚，雪压在公共自行车和公共电话亭上面，包括那些空空的长椅，那也成了一景，好像雪坐在那上面也很享受。雪中最漂亮的是那些湖中的亭台楼阁，那真是**宛如仙境**。更妙的是那一座座弧型的桥，那些桥拱都是被雪装饰了的。说"装饰"一词可能还是太人工了，但雪的确能让"人工"变成自然的。在曲院风荷，雪是无处不在，尤其是人迹罕至之处，那更是雪的王国、雪的乐园。这也让我相信，雪是愿意在树上躲一躲栖一栖的，如果它们不会压折树枝，那还是让它们多停留一会吧。这个时候的湖面已经结冰了，那些**残荷**被冰封在那里，倒是有一种独特而凛冽的美。其实这些残荷也是有生命的，正如雪地上还时见出来觅食的麻雀。不，比麻雀更生动的是有人竟在这样的大雪天拍婚纱照。这时的新娘自然是美丽冻人的，我是很欣赏这样的美丽的，特别是在大雪衬托之下的婚纱，那敢于裸露出来的肉体，那真的是值得赞美的。以前听说有诗人在大雪天赤裸着在雪地上打滚，想以此燃烧火一样的热情，或者说想以此来降温。

曲院风荷的雪，或许并无什么宏大景观，也无宏大叙事，只是一些小品，平时常见的小桥流水，这时小桥依然，流水却不复了。还有那高高低低的树，都戴上了"帽子"围上了"围巾"，这个时候处处是景，正好练习快门，更喜的是人少，清静，大概人都到断桥去看雪景了，独留下这一块晶莹的世界给我们。我记得我还是拍了不少雪人的，并且加上一点点道具，比如给雪人围一块红围巾，或者给他们戴上一副眼镜等，也真是那一次，我沿路拍到了雪中的黄宾虹和鲁迅。那时我才第一次意识到，我真是来对地方了，这曲院风荷里的雪也就像老天酿就的一坛白酒，只让我们少数几个人享用，因为一

湖山游踪

——山水园林中的西湖

个小时后当我赶到断桥上时，只见人山人海，不见一处白雪，只有桥洞的石檐边还留有一点点残雪。

那个时候我真担心断桥真的要断了。

五 说起西湖的山水园林，有一些是颇为经典的，像柳浪闻莺，像花港观鱼，包括玉泉植物园等，基本都还是传统的园林格局，甚至像阮公墩等，它的占地面积并不大，走的基本是传统的路子。

所谓传统的山水园林，即是借景取势，要螺蛳壳里做道场，要用一些太湖石，那每一个小孔里都是一个世界，然后做到曲水环绕，流水潺潺，一切都要做到隔而不隔、透而不透。它最大程度地讲究私密性，但又是在一个公共的空间里讲究私密性，那当然也有它的制高点，比如那些亭台楼阁，有时又是私家的戏台，而那些盆景花卉，四季都要有点颜色，那些小桥回廊，是从山重水复又能过渡到柳暗花明。

对于西湖来说，这样的传统园林有一点点像盆景，只不过是活的大的盆景。包括刘庄、汪庄和郭庄，虽各自都气象万千，但都倚水而建，因湖而名，所幸的是私家园林变成国有之后，依傍西湖的特质没有变，虽然其中格局多有变化，但还是逃不出西湖这一面大镜子的，这也正是西湖的厉害之处，你在她的视野之内是不可能乱来的，即使拆建了一些房子，但还基本尊重原作的。而八九十年代新建的太子湾公园，又多了一些野趣和洋味，比如大量种植郁金香，这受到了人们的喜爱，尤其是年轻人的喜爱，这说明杭州造园者们的观念还是很开放的。

进入二十一世纪之后，西湖迎来了西进的时代，即把之前隔断及荒废的河道重新给打通，这就让西湖的水域面积大大地扩大了，虽然并没有扩大到历史上的最大程度，但在我们的印象中，也是颇有点气象了，这就是杨公堤以西的那个区块，这就盘活了西湖之西的格局，让人看到了西湖的另一面，即放弃了亭阁水榭的布局，而更多地种植了芦苇之类四季皆宜的植物，这也让那一片的风景四时皆宜，皆有可称道之处。我相信古时的西湖大约也就是这番模样，这是白居易、苏东坡们看到过的西湖，这也就是山水园林的大格局了，同时也恢复了西湖的宁静和野趣。是的，宁静和野趣，这可能是至关重要的，更重要的是，它打通了古西湖和今西湖的气场，因为茅家埠一带曾是上香古道，之前的人去灵隐上天竺，是从茅家埠坐船而去的，这从茅家埠之"埠"即可看出。

现在如果我们由北至南，沿杨公堤而去，东面即是传统的西湖，而西面则是新扩的湖面，这就是两种完全不同的气象。一边是大家闺秀，一边是邻家村姑，她们都请我们喝茶，一边端上的是青花瓷，泡着上等的龙井；一边端上家常的茶杯，泡的是谷雨后的旗枪，也正如你在拍照片时，一面是要讲取景的，以哪座桥或哪个亭台为中心，一面可以举起就咔咔咔，因为后者你随意截取一段，也还成风景的。所以现凡遇到"黄金假期"等，杭州人会说，白堤、苏堤、南山、北山就留给外地游客吧，我们最喜欢去的还是三台山、茅家埠那里，走走路，喝喝茶，再吃吃杭帮菜，那就不是"偷得浮生半日闲"，而是可以天天偷闲，而且这不是偷，而是大明大放地晒，包括晒在微信上获无数点赞。

另外一点我们要注意，在西湖这座山水园林中，那其中的花花

湖山游踪

湖山游踪

——山水园林中的西湖——

草草并不只是用来观赏的，杭州是茶乡，以出产龙井茶而著称，环西湖一圈，恰是龙井茶的主要产区，包括三台山、满觉陇和龙井梅家坞等，山相连，路相通，绿意盎然，茶香氤氲，这样的景致是一年四季都有的，而且是久看不厌的。再加上秋天全城的桂花，那真是满城尽戴黄金甲，那空气中透着一股隽永的香味，那金黄和绿色的相衬相配，在湖光波影的映照之下，有着别样的韵味。这一个个村，一块块茶园，一家家民宿，不也是一种园林的格局吗？这是生活的园林，也是审美的园林。翁家山杨梅岭那些地方虽然离西湖稍有点距离了，但仍是自成格局，民国时一些文人墨客就喜欢去那里留恋行走。如果你有更强的足力，登南北高峰而望西湖，那自然又是一番景致了，这跟在吴山上看西湖又不一样，从高处看一顷湖水，那更像是一个园林的格局。正如今天流行的航拍，那就会出现我们平时看不到的风景，这也真是山离不开水，水离不开山，它们相依相拥又恰到好处，如此这般，真乃自然造化，如此之境，杭州不仅是三生有幸，而且是千年有福。不相信，我给你一段民国时期的导游文字，它说的是半日的游程，地点和线路你一看就知道了——

"由沪乘早车启程，约中午到杭州城站，雇车（人力车或汽车）至旅馆（均湖滨新市场一带）。卸行装，进午膳，即雇游艇（容四人至六人），嘱舟子直放孤山，沿湖岸行，游西泠印社、浙江图书馆、中山公园，及西湖博物馆，经国立艺专，即至平湖秋月。向北行，进孤山路，经阵亡将士墓，而达孤山放鹤亭，游巢居阁，谒林处士墓，下山左向，凭吊冯小青墓，时嘱舟子荡桨随行，向前过云亭，玛瑙坡，曼殊上人墓，此处即空谷传声，立此呼唱，隔岸有声相和，甚为清晰。即在此处下船，横渡里湖，游葛荫山庄，及招贤寺，玛瑙寺,坚匏别墅,大佛寺,至桥边,有断桥残雪之碑亭,可于此处下船,令舟子绕锦带桥而归。"

湖山游踪

山水园林中的西湖

自白苏始，多少名人流连西湖，以其精神点化自然，临水造园依峰开楼，使得杭州成为了一座"因水成园"、人与自然共同造就的城市园林。悠悠烟水，澹澹云山，如山水长卷，咫尺山林中多方胜景，移步换景间遍览无遗。

西湖小瀛洲

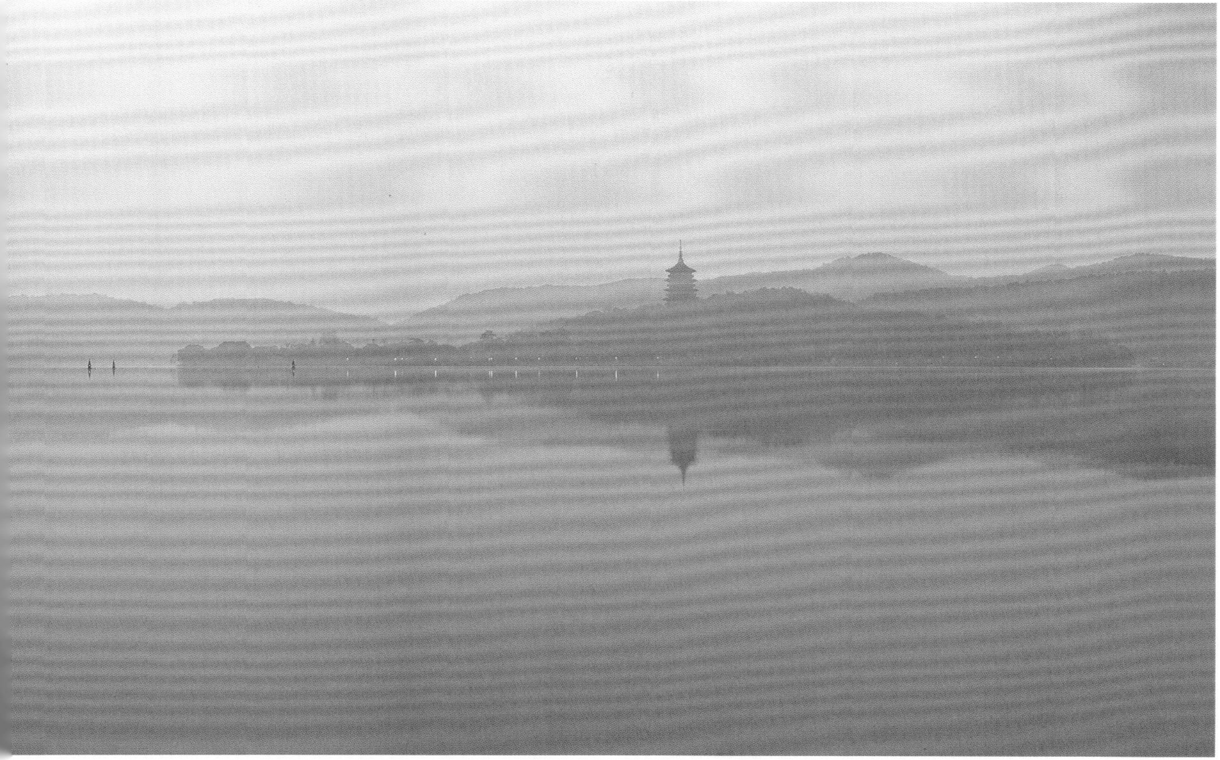

西湖白堤

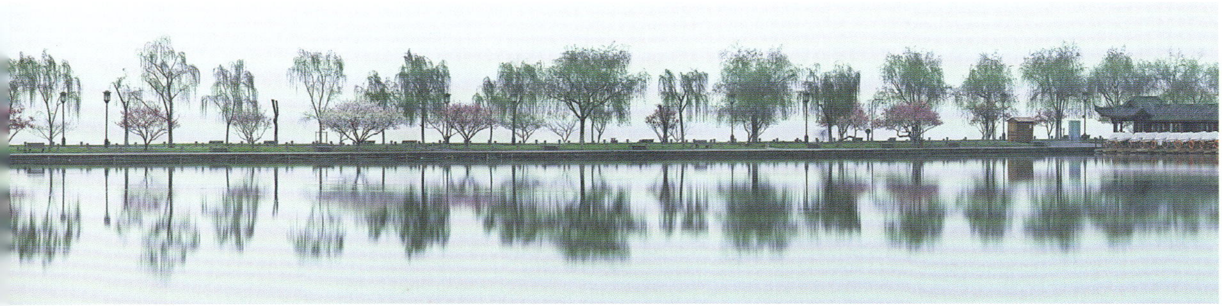

西湖西山

西湖浴鹄湾

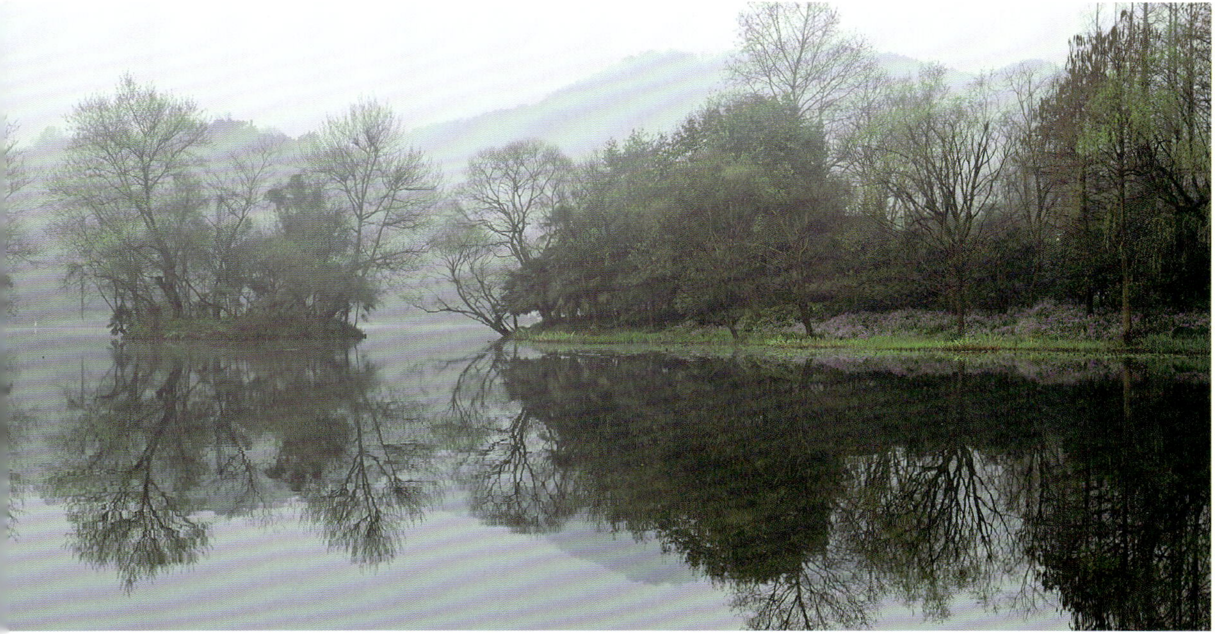

西湖浴鹄湾

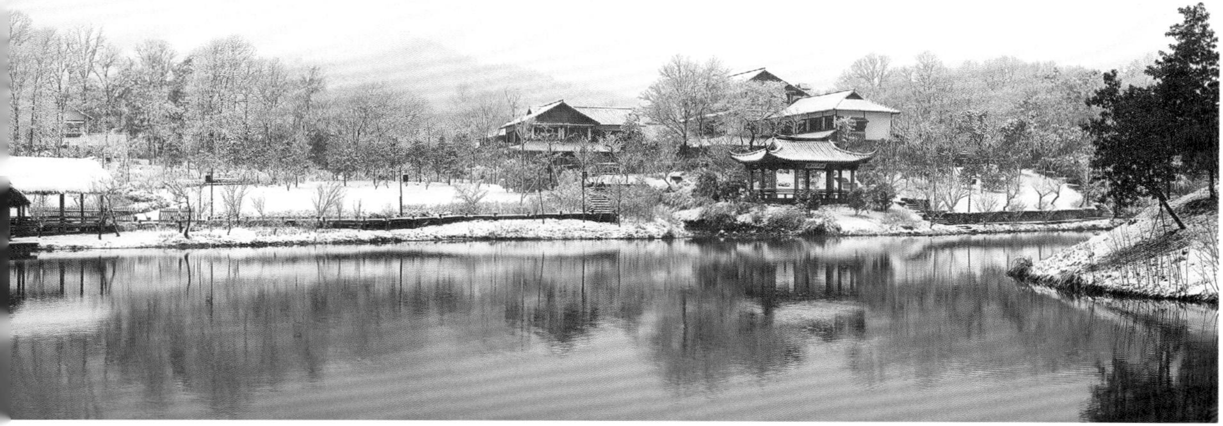

西湖涌金门金牛湖

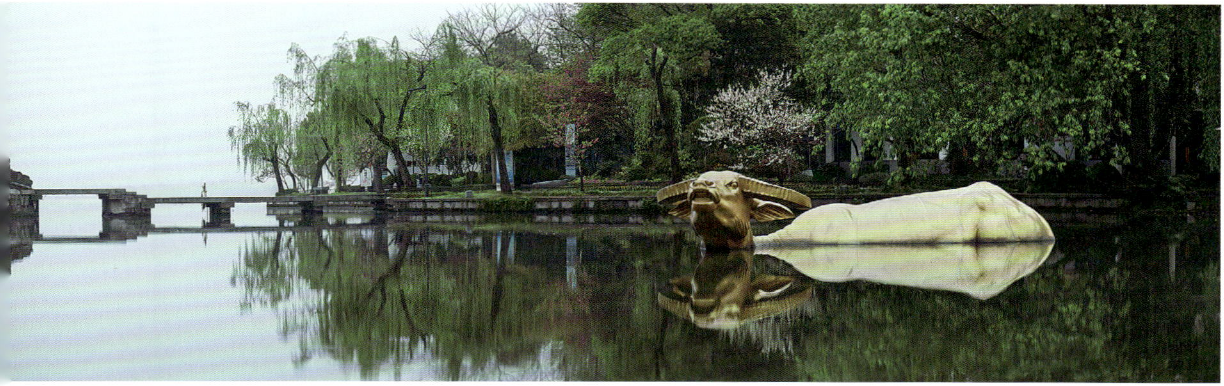

西湖北山街

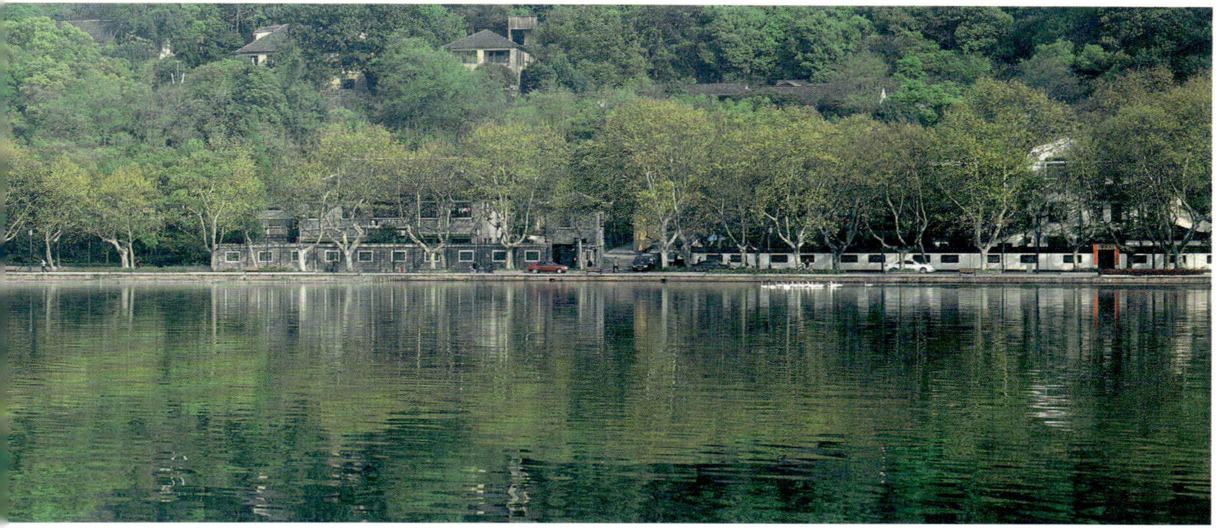

西湖花港公园

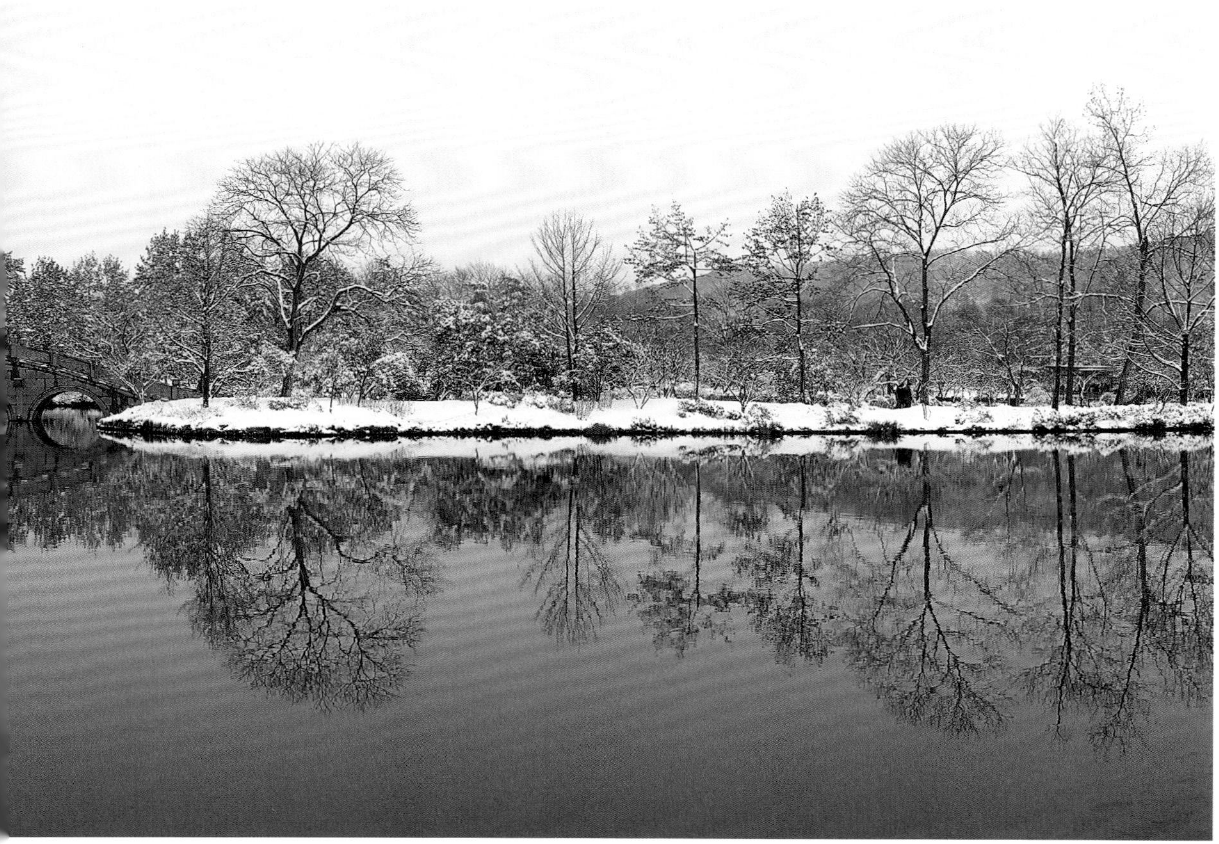

西湖太子湾公园

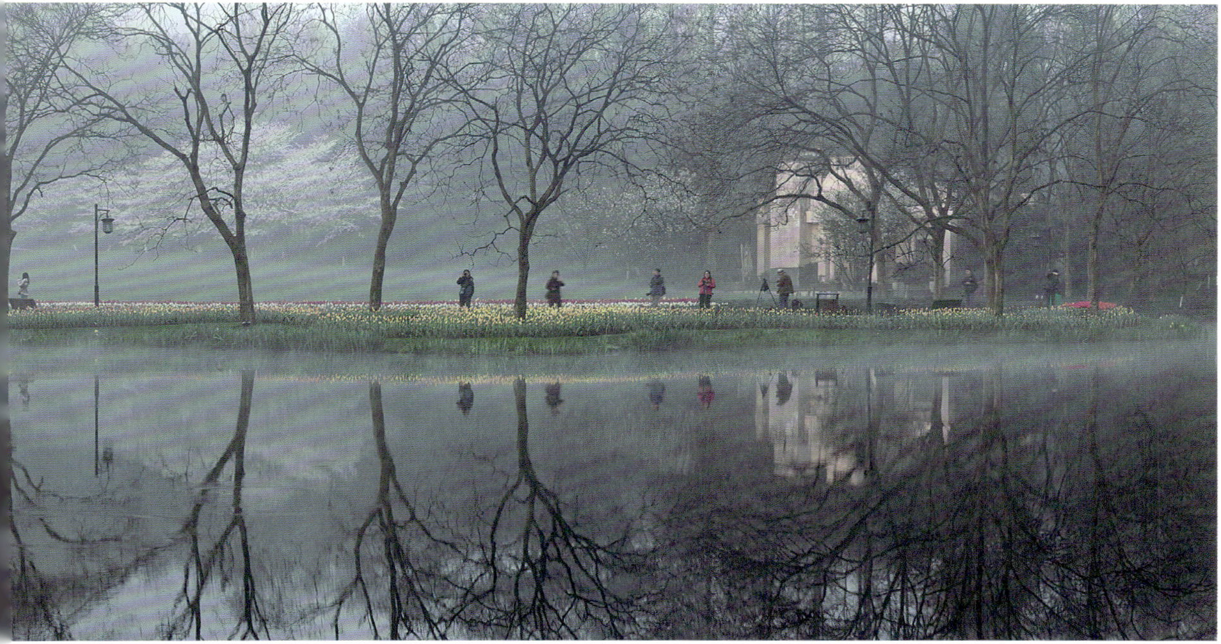

西湖孤山

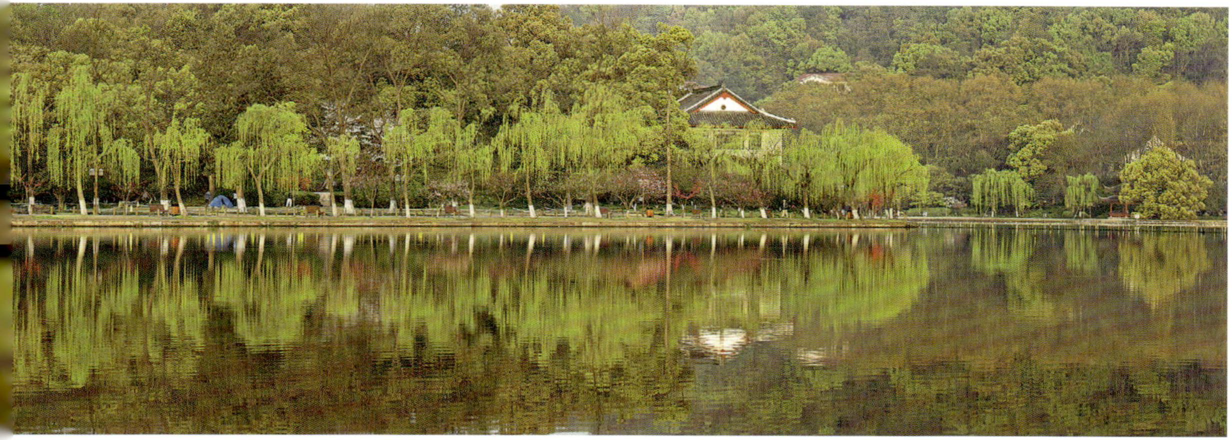

西湖茅家埠

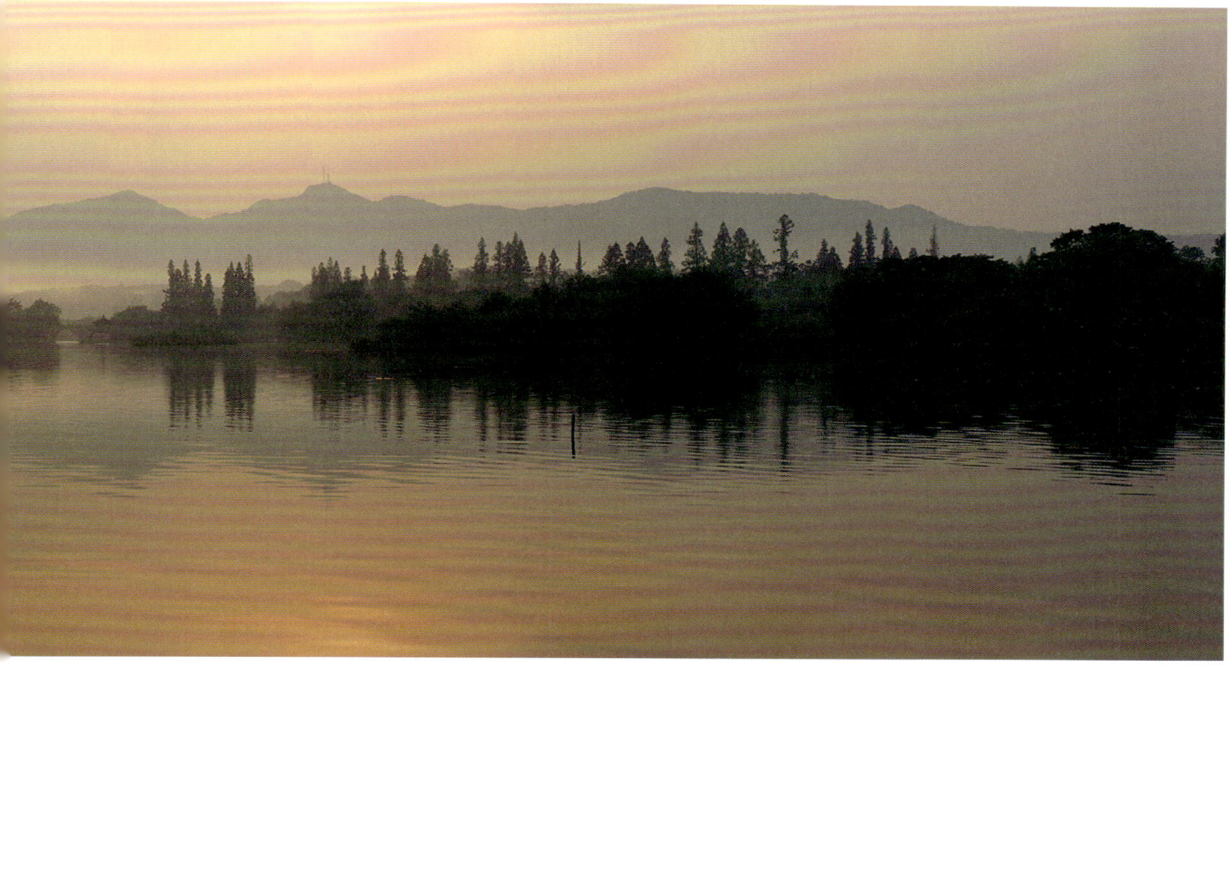

作者简介

孙昌建

作 家

文学创作一级,出版文学作品二十余种,2013年与摄影家于广明合著《全景西湖2》(西泠印社出版社),现居杭州。

于广明

摄影师

自由摄影人,擅长风光、建筑与微距摄影。从上世纪90年代初开始拍摄西湖,被誉为西湖风光摄影的代表人物。出版西湖摄影专集多部。

图书在版编目（CIP）数据

西湖印迹 / 孙昌建，于广明著. — 北京 ：商务印书馆，2018
ISBN 978-7-100-16599-0

Ⅰ. ①西… Ⅱ. ①孙… ②于… Ⅲ. ①西湖—史料 Ⅳ. ①K928.43

中国版本图书馆CIP数据核字(2018)第210327号

权利保留，侵权必究。

西湖印迹

孙昌建 于广明 著

商 务 印 书 馆 出 版
（北京王府井大街36号 邮政编码 100710）
商 务 印 书 馆 发 行
ISBM 978 - 7 - 100 - 16599 - 0

装帧设计　励动品牌策略与设计机构
设计指导　谢依平
制版印刷　杭州捷派印务有限公司
开　　本　889X1194　1/24
印　　张　7
2018年10月第1版
2018年10月杭州第1次印刷
定价：59.00元